NEW
일본어능력시험 답다!

이종권 저

N3 문법 · 독해

2교시

사람in
saram
in.com

새롭게 개정된 NEW(신) 일본어능력시험의 개정 포인트를 이해하고 공부한다면, 수험생 여러분은 이미 합격고지의 절반은 오른 셈입니다. 개정된 주요한 포인트인 [과제 수행을 위한 언어커뮤니케이션능력]이란, 우리들이 생활 속에서 부딪히는 여러 과제에 대해 그 해결방법을 찾는 것이라고 해도 과언이 아닙니다. 과거의 암기 이해에 의존하는 그런 시험이 아님을 꼭 알아 두셔야 할 것입니다. 새로운 시험은 기존의 암기 이해는 물론이고, 어떤 일을 판단하고 수행하는데 필요한 일본어 실력을 측정하는 시험입니다.

NEW(신) 일본어능력시험에서는 언어지식(문자·어휘·문법)을 바탕으로 독해와 청해 과제를 수행하는 능력을 측정하는 시험이므로, **언어지식을 공부한 후에 독해, 청해 순**으로 공부를 해가는 것이 효율적이라 하겠습니다. 물론 청해의 기본인 귀가 열려 있는 단계가 아니라면, 청해 연습을 꾸준히 언어지식 공부와 병행해야 합니다.

NEW(신) 일본어능력시험에서는 합격을 위한 기준 점수가 제시되지 않았지만, 과거와 달리 **영역별 과락제도**가 도입되므로 전체적인 균형을 유지하는 학습방법이 요구됩니다. 어느 한 영역으로 치우치는 학습방법은 바람직하지 않습니다.

본서는 개정된 **NEW(신) 일본어능력시험에 맞추어 새롭게 집필**되었고, 새로운 유형을 최대한 이해하기 쉽게, 또한 많은 문제를 다루었습니다. **모의고사도 3회**로 다양한 문제를 수록했습니다. 본서에 수록된 많은 문제들을 풀어보고, 모르거나 자신이 틀린 문제들은 꼭 다시 공부해서 고득점으로 합격하시기를 기원합니다.

공부하다가 모르는 것이나 궁금한 사항이 있으시면 언제든지 제가 운영하는 다음 카페(http://cafe.daum.net/jlpt)나 http://www.ejujlpt.com 으로 문의 주세요. ^^ 시험에 대한 다양한 정보도 여기서 찾아볼 수 있습니다.

시험문제 출제와 자료 정리에 온 힘을 써준 이종권일본어학원 Japanese Test R&D Center 연구원들에게 감사를 표합니다. 또한 멋진 교재가 나올 수 있도록 모든 노력을 아끼지 않고 도와주신 사람in 박효상 사장님과 편집부 직원들에게도 많은 감사드립니다.

NEW(신) 일본어능력시험 N3 수험생들의 **고득점 합격**을 기원하면서

저자 이종권

목차

'일본어 능력시험'은 단순히 일본어 실력만을 묻는 시험이 아니라, 실제로 사용할 수 있는 일본어 실력을 갖추고 있는가를 중시하는 시험으로, 일본어의 문자·어휘·문법의 언어지식뿐만 아니라, 그 지식을 토대로 커뮤니케이션을 원활하게 할 수 있는가를 판가름하는 시험이다.

● 실질적인 일본어 사용에 중점을 둔 만큼 '독해'와 '청해'의 비중이 높다.
● 시험은 7월과 12월(연 2회)에 실시된다.

1. 급수별 차이 이해하기

일본어 능력시험은 1급에서 5급까지의 5단계로 이루어진다.

다음은 급수별로 일본어 능력시험에 합격했을 때 인정되는 사항으로, 학습자는 다음의 사항을 참고로 시험의 급수를 정해 시험에 응할 수 있다.

급수	급수 취득 시 인정되는 사항
N1	여러 방면에서 사용되는 일본어를 이해·사용할 수 있다.
N2	일상적인 일본어 사용이 가능하고, 좀 더 넓은 방면에서 사용되는 일본어를 어느 정도 사용할 수 있다.
N3	**일상적인 일본어를 어느 정도 사용할 수 있다.**
N4	기본적인 일본어를 사용할 수 있다.
N5	기본적인 일본어를 어느 정도 사용할 수 있다.

2. 각 급수별 과목과 시험 시간

급수	시험 과목 (시험 시간)		
N1	언어지식(문자 · 어휘 · 문법) · 독해 110분		청해 60분
N2	언어지식(문자 · 어휘 · 문법) · 독해 105분		청해 50분
N3	언어지식(문자 · 어휘) 30분	언어지식(문법) · 독해 70분	청해 40분
N4	언어지식(문자 · 어휘) 30분	언어지식(문법) · 독해 60분	청해 35분
N5	언어지식(문자 · 어휘) 25분	언어지식(문법) · 독해 50분	청해 30분

3. 시험 점수의 배점 구분 및 합격선

급수	배점 구분		만점
N1	언어지식(문자 · 어휘 · 문법)	60	180
	독해	60	
	청해	60	
N2	언어지식(문자 · 어휘 · 문법)	60	180
	독해	60	
	청해	60	
N3	언어지식(문자 · 어휘 · 문법)	60	180
	독해	60	
	청해	60	
N4	언어지식(문자 · 어휘 · 문법) · 독해	120	180
	청해	60	
N5	언어지식(문자 · 어휘 · 문법) · 독해	120	180
	청해	60	

합격은 전체 점수의 총점만으로 결정되는 것이 아니라, 각 과목당 설정된 기준점 이상을 획득했는가에 의해 결정된다. 모든 과목에서 기준점 이상을 획득해야 합격할 수 있으므로, 한 과목이라도 기준점에 미달되었을 시에는 불합격 처리된다.

일본어 능력시험 N3 문제 유형 총정리

시험 과목 (시험시간)		문제유형	유형 설명	문항수	문제 풀이 소요 시간
언어 지식 (문자·어휘) (30분)	問題1	한자읽기	문장에서 밑줄 친 부분의 한자의 読み方를 찾는 문제	8	30분 내에 문제를 해결한다.
	問題2	한자표기	히라가나로 쓰여 있는 어휘의 한자를 찾는 문제	6	
	問題3	문맥규정	문장의 문맥에 맞게 괄호 안에 들어갈 가장 알맞은 어휘를 찾는 문제	11	
	問題4	유의어 표현	문장에서 밑줄 친 어휘와 가장 가까운 표현을 찾는 문제	5	
	問題5	용법	주어진 어휘가 가장 알맞게 사용된 문장을 찾는 문제	5	
언어 지식 (문법) · 독해 (70분)	問題1	문법형식 판단	괄호 안에 들어갈 가장 알맞은 문법적 기능어를 찾아 문장을 완성하는 문제	13	70분 중 20분 내에 문제를 해결한다.
	問題2	문장 조합	선택지로 주어진 1~4의 어휘를 나열하여 문장을 완성한 후, ★ 표시가 된 부분에 들어갈 표현을 찾는 문제	5	
	問題3	문장 속 문법	글을 읽고 빈 칸에 들어갈 표현을 찾는 문제	5	
	問題4	내용이해(단문)	단문을 읽고 푸는 문제	4	70분 중 50분 내에 문제를 해결한다.
	問題5	내용이해(중문)	중문을 읽고 푸는 문제	6	
	問題6	내용이해(장문)	장문을 읽고 푸는 문제	4	
	問題7	정보 검색	공고, 팸플릿, 정보지 등의 글을 읽고 정보를 찾는 문제	2	
청해 (40분)	問題1	과제 이해	구체적인 과제 해결에 필요한 정보를 듣고, 다음에 일어날 사항을 묻는 문제	6	청해는 문제 유형별로 주어지는 시간에 차이가 있으므로, 먼저 문제 유형을 확실하게 파악한 후, 문제 유형에 익숙해지는 것이 중요하다.
	問題2	포인트 이해	대화 혹은 한 사람의 이야기를 듣고, 내용의 포인트를 파악하는 문제	6	
	問題3	개요 이해	내용의 전체를 듣고 화자의 의도 및 주장 등을 파악하는 문제	3	
	問題4	발화표현	그림을 보며 상황설명을 듣고, 적절한 발화를 선택하는 문제	4	
	問題5	즉시 응답	짧은 글 또는 대화문을 듣고 적절한 응답을 찾는 문제	9	

N3

문법

	문제유형	유형 설명	문항수
問題 1	문법형식 판단	괄호 안에 들어갈 가장 알맞는 문법적 기능어를 찾아 문장을 완성하는 문제	13
問題 2	문장 조합	선택지로 주어진 1~4의 어휘를 나열하여 문장을 완성한 후, ★ 표시가 된 부분에 들어갈 표현을 찾는 문제	5
問題 3	문장 속 문법	글을 읽고 빈 칸에 들어갈 표현을 찾는 문제	5

문법 문제 유형 이해하기

1. 문장의 기능어 1

2. 문장의 기능어 2

3. 문장의 기능어 3

4. 문장의 기능어 4

5. 문장의 기능어 5

6. 문장의 기능어 6

7. 문장의 기능어 7

8. 문장의 기능어 8

9. 문장의 기능어 9

10. 문장의 기능어 10

11. 문장의 기능어 (존경어) 11

12. 문장의 기능어 (겸양어) 12

문법 파트에서는 문제1 유형이 13문항, 문제2와 3 유형이 각각 5문항씩 출제된다.

문제1 유형은 문장 안에 들어갈 문법적 기능어를 찾아 넣는 형식으로, 문법 공부만 착실하게 한다면 빠른 시간 안에 해결할 수 있을 뿐만 아니라, 공부한 만큼 점수를 기대할 수도 있는 부분이다.

문제2 유형은 문장을 문맥에 맞게 조합해야 하고, 문제3 유형은 독해문을 읽고 빈 칸에 들어갈 알맞은 어휘를 찾아야 하는 문제로, 비교적 시간이 많이 소요되는 문제가 출제된다. 하지만, 많은 문제를 풀어봄으로써, 문제 푸는 요령만 몸에 익힌다면, 어려움 없이 문제에 대응할 수 있을 것이다.

그럼, 본격적으로 문법 문제를 분석해보자.

問題 1 문법형식 판단

問題 1 つぎの文の（　　）に入れるのに最もよいものを、1・2・3・4から一つえらびなさい。

1 宿題を全部した（　　）だったが、忘れていたものが一つあった。

　　1 つまり　　　　　2 つもり　　　　　3 とか　　　　　4 ふり

정답은 2번이다.

'문법형식 판단' 문제는 문맥에 맞게 괄호 안에 들어갈 알맞은 문법 형식을 찾는 문제로, 13문제 출제된다. 기능어(문법)의 의미와 접속 방법 등을 외워서 준비하면 큰 어려움 없이 대응할 수 있을 것으로 판단된다.

問題 2 문장 조합

> 問題 2 つぎの文の ___★___ に入る最もよいものを、1・2・3・4から一つえらび
> なさい。
>
> 1 今日は雨が降るというのに、弟は ___ ___★___ ___ ___ 。
>
> 1 傘を   2 家を   3 出た   4 持たずに

문제로 주어진 문장을 선택지를 이용해 완성하면 다음과 같다.

今日は雨が降るというのに、弟は 1 傘を 4 持たずに 2 家を 3 出た 。
                                            ★

'★' 부분에 들어가는 표현을 찾으면, 정답은 4번이 된다.

'문장 조합' 문제는 '쓰는 능력'을 측정할 수 있는 문제로, 5문제 출제된다.

주어진 선택지 4개를 문법과 의미가 통하도록 문장을 재배열하여 '★'표에 해당하는 선택지가 정답이 된다. 문제를 풀 때는 실제로 문장을 써서 눈으로 확인하는 것이 좋다. 일단 선택지 4개 중에 서로 앞뒤에 올 수 있는 것을 묶어 두고, 그 다음 첫 칸에 올 수 있는 선택지와 마지막 칸에 올 수 있는 선택지를 정해두면 2번째와 3번째에 오는 선택지를 정하기 쉬워진다.

問題 3 **문장 속 문법**

問題 3 つぎの文章を読んで、 | **1** | から | **5** | の中に入る最もよいものを、1・2・
3・4から一つえらびなさい。

　最近の私のお気に入り(※1)はペット育成(※2)ゲームだ。昔 | **1** | このような
ゲームが増えているのも人気があるからだろうと思う。育成といっても単に
育成 | **2** | 、それをすることで癒される(※3)という効果もあるのだ。ゲーム
を登録すると携帯電話の画面上に小さな動物が出てきて、その動物の世話を
するとだんだん成長していくというものだ。しかし、世話といっても、ただ
携帯電話を操作するだけのシンプルなゲームで、「食事」や「運動」、「風呂」、
「ダンス」 | **3** | を選び、決定ボタンを押し続ける。 | **4** | 、ペットはだんだん
色々な動きを覚えたり、友達を作ったりして成長していくのだ。ダンスが上手に
できた時には、まるで自分の子が受験に受かったような気分になったりする。

　しかし、何日か世話を忘れると、体にカビが生えていたり、死んでしまったり
するので、その姿を考えると、かわいそうでゲームを途中でやめることができな
い。このような「親心(※4)」のツボを押さえているゲーム開発者には脱帽する(※5)
ばかりだ。

　ところで、いつも気になっているのは「無料で遊べる」という言葉。普通の世話
だけなら通信料のみで遊べるが、可愛い服を着せたり、ダンスの学習能力を2倍
にするための特別な餌を与えたりするには、別料金が必要だ。その別料金は携帯
電話の画面上で簡単に操作ができてしまうため、使っていない | **5** | でも後で
請求書を見て驚くこともしばしばある。

　（※1）お気に入り：自分の好みに合うこと
　（※2）育成：育て上げること
　（※3）癒される：安心感が与えられること
　（※4）親心：親の心
　（※5）脱帽する：相手に尊敬する気持ちを示すこと

1

1 が比べて
2 に比べて
3 によっては
4 につれて

2

1 として
2 とともに
3 だけでなく
4 といっても

3

1 など
2 だけ
3 だらけ
4 おきに

4

1 世話をしないかわりに
2 世話をしているうちに
3 世話をしないからこそ
4 世話をしないだけでなく

5

1 かわりに
2 とか
3 なんか
4 つもり

정답은 '①-2, ②-3, ③-1, ④-2, ⑤-4'다.

'문장 속 문법'에서는 문장에 흐름에 맞는 어휘 및 기능어를 선택하는 문제로, 5문제 출제된다. 얼핏 보기에는 독해 문제처럼 보이지만, 문장 속에서 접속사의 형태, 어휘와 문법이 문장 흐름에 맞게 되어 있는지를 묻는 문제다. 풀이 방법은 문장 전체의 흐름보다는 [   ] 전후의 내용을 정독해서 답을 구하는 것이 효율적이다. 답을 생각하기 보다는 선택지를 하나하나 적용시켜서 틀린 것을 제거하는 것이 시간 절약에 유효하다.

01 ～うちに / ～ないうちに

① ～うちに ～하는 동안에 (그 상태가 변하기 전에), ～하는 사이에 (그 사이에 의도하지 않은 결과가 일어남)

[接続] 동사 사전형 · ～ている ‖ [い형용사 · な형용사 · 명사]의 명사수식형

ご飯は温かいうちに食べるのがおいしい。

数学はきらいだったが、勉強しているうちにおもしろくなってきた。

② ～ないうちに ～하기 전에

[接続] 동사 ない형

外が暗くならないうちに帰ってきなさい。

02 ～(よ)うではないか / ～(よ)うじゃないか ～해야 하지 않을까, ～하자

[接続] 동사 의지형

[説明] 불특정 다수를 설득하거나 호소할 때 쓰는 표현이다.

みんなで力を合わせて、住みやすい町にしようではないか。

03 ～おかげで / ～おかげだ ～덕분에 / ～덕분이다

[接続] [동사 · い형용사 · な형용사 · 명사]의 명사수식형

友だちが手伝ってくれたおかげで仕事を早く終えることができた。

04 ～おきに ～걸러, ～간격으로

[接続] 명사

[説明] 수량 · 거리 · 시간 등을 나타내는 말에 붙어 일정한 간격으로 거듭됨을 나타낸다.

問題がなければ、3週間おきに病院に来てください。

05 **〜おそれがある** ~할 우려가 있다

[접속] 동사 사전형 ‖ 명사-の

午後には非常に強い雨が降る**おそれがあります**ので、注意してください。

06 **〜がたい** ~하기 어렵다, 좀처럼 ~할 수 없다

[접속] 동사 ます형

ふたつが同じものだとは言い**がたい**。

07 **〜がちだ / 〜がちの** 자주 ~하다, ~하는 경향이 있다 / 자주 ~하는, ~하는 경향이 있는

[접속] 동사 ます형 ‖ 명사

[설명] 주로 안 좋은 의미로 사용되는 경우가 많다.

人は失敗すると自信をなくし**がちだ**。

08 **〜からといって** ~라고 해서

[접속] [동사 · い형용사 · な형용사 · 명사]의 보통형

[설명] 뒤에 주로 부정적인 표현이 온다.

美人だ**からといって**必ず結婚できるわけではありません。

09 **〜かわりに**

[접속①] 동사 사전형 : (~을 하지 않고 다른 것을)~하는 대신에

今日は電車に乗る**かわりに**バスに乗って来た。

[접속②] 명사-の : ~의 대리로

今朝は時間がなかったので、ご飯の**かわりに**パンを食べた。

[접속③] [동사 · い형용사 · な형용사 · 명사]의 명사수식형 : ~하는(~인) 만큼

子どもが結婚してうれしい**かわりに**、少しさびしい気もする。

10 **〜気味** ~경향, ~기미

[접속] 동사 ます형 ‖ 명사

お父さんは最近仕事が忙しくて、つかれ**気味**だ。

問題 **1** つぎの文の（　　　）に入れるのに最もよいものを、1・2・3・4から一つえらびなさい。

1 彼の言うことはどうも信じ（　　　）。

　　1 がたい　　　　　　2 みたい　　　　　　3 きりだ　　　　　　4 くらい

2 先生の（　　　）苦手だった英語が好きになりました。

　　1 関して　　　　　　2 おかげで　　　　　　3 比べて　　　　　　4 つれて

3 忙しい父の（　　　）私が来ました。

　　1 ついでに　　　　　2 つもりで　　　　　3 ように　　　　　4 かわりに

4 忘れてしまわない（　　　）メモしたほうがいい。

　　1 としたら　　　　　2 うちに　　　　　3 というより　　　　4 からこそ

5 毎晩ビールを飲むので、お父さんは最近太り（　　　）だ。

　　1 つもり　　　　　　2 気味　　　　　　3 がち　　　　　　4 きり

6 この駅には5分（　　　）電車が来ます。

　　1 たびに　　　　　　2 きりに　　　　　　3 ぶりに　　　　　　4 おきに

7 今日は仕事のことは忘^{わす}れて、楽しもう（　　　　）。

1 じゃないか　　　　　　　　　　2 ことになっている

3 つもりだ　　　　　　　　　　　4 てはならない

8 難^{むずか}しい（　　　）あきらめてはならない。

1 かわりに　　　　2 というのは　　　3 によって　　　4 からといって

9 彼女は同じ失敗を何度もし（　　　　）。

1 がちだ　　　　　　　　　　　　2 かける

3 っぽい　　　　　　　　　　　　4 に決まっている

10 くつをはかずに歩くと、けがをする（　　　　）。

1 ようではないか　　　　　　　　2 ことになっている

3 にすぎない　　　　　　　　　　4 おそれがある

つぎの文の ＿＿＿★＿＿ に入る最もよいものを、1・2・3・4から一つえらび なさい。

1 何回か彼と一緒に ＿＿＿ ＿＿＿ ＿★＿ ＿＿＿ わけではない。

  1 といって   2 から

  3 食事をした   4 つきあっている

2 台風の影響で ＿＿＿ ＿＿＿ ＿★＿ ＿＿＿ から海には近づかないでくだ さい。

  1 ふく   2 あります   3 強い風が   4 おそれが

3 世界の人口、約65億人のうち ＿＿＿ ＿＿＿ ＿★＿ ＿＿＿ わかった。

  1 気味だ   2 16億人が

  3 太り   4 ということが

4 表をつくる時は ＿＿＿ ＿＿＿ ＿＿＿ ＿★＿ とわかりやすい。

  1 一行   2 変える   3 おきに   4 色を

5 その花は赤でもなく、ピンクでもなく、 ＿＿＿ ＿＿＿ ＿★＿ ＿＿＿ して いる。

  1 言葉では   2 がたい   3 色を   4 あらわし

問題3 つぎの文章を読んで、 1 から 5 の中に入る最もよいものを、1・2・3・4から一つえらびなさい。

　主婦というと家にいる時間が長いので、楽だと思われ 1 。しかし、家にいる 2 一日中家で休んでいるわけではない。朝起きて、ご飯を作って、洗濯をして、掃除をする。そして、お昼ご飯を作って、買い物に出かける。家に帰ったら洗濯物を取り込んで、晩ご飯の用意をしなくてはいけない。主婦も会社員と同じように、ひとつの仕事だと言えるだろう。子どもが小さければ主婦の仕事はもっと多くなる。そして、主婦には一日も休みがない。母の日は主婦であるお母さんにありがとうという気持ちを伝えるのにとてもよい機会だ。お母さんの 3 毎日、生活できることを感謝しよう。そして、母の日のプレゼントに、お母さんの 4 あなたが掃除や洗濯、食事の用意をしてあげるのもよいだろう。1年中休みのないお母さんに休日をプレゼント 5 ！

1

1 がたい 　　　2 きりだ 　　　3 がちだ 　　　4 うちだ

2

1 からといって 　　2 のだから 　　3 としたら 　　4 というと

3

1 ために 　　　2 よって 　　　3 せいで 　　　4 おかげで

4

1 くらいに 　　　2 かわりに 　　　3 つもりに 　　　4 ように

5

1 することになっている 　　　　2 しようとも思わない

3 してもかまわない 　　　　　　4 しようではないか

11 ～きり / ～きりだ

접속① 동사 사전형·た형 ‖ 명사 : ～뿐 / ～뿐이다

今持っているお金はこれっきりだ。

접속② 동사 た형 : ～채 / ～채다

설명 '～인 채 그 상태를 그대로 유지한다'는 의미다.

彼はアメリカに行ったきり連絡がない。

12 ～くせに ～면서도, ～주제에

접속 [동사·い형용사·な형용사·명사]의 명사수식형

本当は好きなくせに、はずかしくて好きだと言えない。

13 ～くらい(ぐらい) / ～くらいだ(ぐらいだ) ～정도 / ～정도다

접속① 동사 사전형·ない형 ‖ い형용사-い ‖ な형용사-な ‖ 명사

설명 상태의 정도를 나타낸다.

のどが痛くて水も飲めないくらいだ。

접속② 동사 보통형 ‖ 명사

설명 정도의 가벼움, 또는 같은 정도를 비교하는 표현이다.

これくらいの問題は簡単に解ける。

りんごくらい好きな果物は他にない。

14 決して～ない 결코 ～않다

一生懸命練習したので、決して負けられない。

15 ~こそ / ~からこそ ~야말로 / ~때문이야말로

[접속] 명사 + こそ ‖ [동사・い형용사・な형용사・명사]의 보통형 + からこそ

今年こそ彼女をつくるぞ。

難しいからこそ勉強する意味があるんじゃないか。

16 ~ことになっている ~하기로 되어 있다

[접속] 동사 사전형・ない

[설명] 주로 예정이나 규칙 등을 나타낸다.

友だちとは 7 時に会うことになっている。

17 ~ことにしている ~하기로 하고 있다

[접속] 동사 사전형・ない

私は毎日、日本語の単語を 20 個ずつ覚えることにしている。

18 ~ことはない ~할 것은 없다, ~할 필요는 없다

[접속] 동사 사전형

そんなに心配することはないよ。

19 ~最中に / ~最中だ 한창 ~중에 / 한창 ~중이다

[접속] 동사 ~ている ‖ 명사-の

サッカーをしている最中に足をけがした。

20 ~さえ / ~でさえ ~조차

[접속] 명사

[설명] 극단적인 예를 들어 다른 것도 물론이라는 의미다. 명사에 「さえ」가 접속하면 조사 「が」「を」는 생략되지만,
그 외의 조사는 생략되지 않는다.

この問題は先生さえ答えがわからなかった。

확인문제 2

問題 1 つぎの文の（　　）に入れるのに最もよいものを、1・2・3・4から
一つえらびなさい。

1 子どもの（　　）いろいろとよく知っている。

1 うちに　　　　　2 かわりに　　　　3 くせに　　　　4 とおり

2 ふたり（　　）で話がしたい。

1 きり　　　　　　2 気味　　　　　　3 ばかり　　　　4 ぶり

3 体に悪い食べ物は食べない（　　）。

1 最中だ　　　　　2 にすぎない　　　3 ことにしている　4 ようとする

4 ちょっと怒られた（　　）泣くなよ。

1 くせに　　　　　2 にしては　　　　3 くらいで　　　　4 たびに

5 彼女に会いたくて1時間どころか5分（　　）待てない。

1 さえ　　　　　　2 なら　　　　　　3 だから　　　　4 くらい

6 朝ご飯の（　　）友だちがあそびに来た。

1 もかまわず　　　2 そとに　　　　　3 ついでに　　　4 最中に

7 彼は正直で（　　　）うそをつかない人だ。

1 反面　　　　　　2 関して　　　　　3 決して　　　　　4 おかげで

8 今だから（　　　）笑えるが、その時はとてもはずかしかった。

1 さえ　　　　　　2 しか　　　　　　3 とか　　　　　　4 こそ

9 明日の発表は私がする（　　　）。

1 くらいだ　　　　　　　　　　　2 ことになっている
3 にすぎない　　　　　　　　　　4 ばかりだ

10 私が悪いのだから、あなたがあやまる（　　　）。

1 かもしれない　　　2 べきだ　　　　　3 しかない　　　　4 ことはない

問題**2** つぎの文の __★__ に入る最もよいものを、1・2・3・4から一つえらび なさい。

1 A 「ひざから血が出ていますが、大丈夫ですか？」

　　B 「大丈夫です。____ ____ ____ __★__ んです。」

　　1 最中に　　　　　2 部活の　　　　　3 さっき　　　　　4 転んだ

2 彼^{かれ}はアメリカに ____ ____ ____ __★__ アメリカの大学を卒業^{そつぎょう}したと うそをついた。

　　1 ない　　　　　　2 行った　　　　　3 くせに　　　　　4 ことも

3 私は毎日電車に ____ ____ __★__ ____ 。

　　1 帰ることに　　　2 歩いて　　　　　3 している　　　　4 乗らずに

4 今回のオーディションに落ちたからといって、歌手になる ____ ____ ____ __★__ 。

　　1 あきらめる　　　2 夢を　　　　　　3 ことは　　　　　4 ない

5 私は来月からフランスの会社で ____ ____ __★__ ____ 。

　　1 なって　　　　　2 することに　　　3 います　　　　　4 仕事を

問題3 つぎの文章を読んで、　1　から　5　の中に入る最もよいものを、
1・2・3・4から一つえらびなさい。

　お母さんへ

　お母さん、私を育ててくれて、本当にありがとう。私も母親になり、お母さん
の気持ちがよくわかるようになりました。子どもを育てるのは　1　簡単なこ
とではないこともわかりました。風邪をひいた時には一日中横にいてくれたお母
さん。友だちとけんかをして泣きながら家に帰った時には涙をふいて抱きしめて
くれたお母さん。お母さん　2　私のことを愛してくれるひとはどこにもいな
いでしょう。もちろん、お母さんに怒られた時にはお母さんなんてきらいだと思
ったこともあります。でも、今考えれば、お母さんは私を　3　、私が間違った
ことをした時には怒ったのだとわかります。いつもは恥ずかしくてありがとうの
　4　言えないので手紙を書きました。お母さんはあまり私たちの家には来よう
としないけれど、　5　でさびしい時はいつでも家に遊びに来てください。

　いつもありがとう。

　　　　　　　　　　　　　　　　　　　　　　　　　　　　　　　娘より

1

1 どうしても　　　2 それにしても　　　3 たいして　　　4 決して

2

1 くらい　　　2 ように　　　3 でも　　　4 だから

3

1 愛していないので　　　　　　　2 愛しているからこそ
3 愛そうとして　　　　　　　　　4 愛しているからといって

4

1 言葉までは　　　2 言葉さえ　　　3 言葉くらい　　　4 言葉だけは

5

1 一人きり　　　2 一人ごと　　　3 一人ずつ　　　4 一人おき

21 ～しかない ～할 수밖에 없다

접속 동사 사전형

その店は閉まっていたので、ほかの店に行くしかなかった。

22 ～上 / ～上は / ～上も ～상 / ～상으로는 / ～상으로도

접속 명사

설명 앞의 명사에는 주로 한어(漢語)가 사용된다.

法律上、お酒を飲んでもよいのは20歳になってからだ。

23 少しも～ない 조금도 ～않다

君は少しも悪くないのだから、あやまらなくていい。

24 ～ずに ～않고

접속 동사 ない형

手を洗わずにご飯を食べてはいけません。

25 ～だけでなく ～뿐만 아니라

접속 [동사·い형용사·な형용사·명사]의 명사수식형

비교 명사에는 「の」 없이 바로 접속한다.

日本では野球は大人だけでなく子どもにも人気のスポーツだ。

26 たとえ～ても(でも) 설령~하더라도

접속 たとえ + [동사-ても·い형용사-くても·な형용사어간·명사-でも]

たとえ親が反対しても彼女と結婚するつもりだ。

27 **〜たとたん(に)** 〜하자마자, 〜한 순간(에)

[접속] 동사의 た형

<ruby>赤<rt>あか</rt></ruby>ちゃんは<ruby>私<rt>わたし</rt></ruby>の<ruby>顔<rt>かお</rt></ruby>を<ruby>見<rt>み</rt></ruby>たとたん<ruby>泣<rt>な</rt></ruby>き<ruby>出<rt>だ</rt></ruby>した。

28 **〜たばかり** 막 〜함, 〜한지 얼마 안 됨

[접속] 동사 た형

[설명] 동작이 끝난지 얼마 되지 않았음을 나타내는 표현이다.

<ruby>日本<rt>にほん</rt></ruby>に<ruby>来<rt>き</rt></ruby>たばかりで、まだ<ruby>何<rt>なに</rt></ruby>もわからない。

29 **〜たび(に)** 〜때마다

[접속] 동사 사전형 ‖ 명사-の

この<ruby>写真<rt>しゃしん</rt></ruby>を<ruby>見<rt>み</rt></ruby>るたびに、<ruby>一度<rt>いちど</rt></ruby>はアフリカに<ruby>行<rt>い</rt></ruby>ってみたいと<ruby>思<rt>おも</rt></ruby>う。

30 **〜だらけ** 〜투성이

[접속] 명사

① 표면 : <ruby>海岸<rt>かいがん</rt></ruby>を<ruby>散歩<rt>さんぽ</rt></ruby>したら、くつの<ruby>中<rt>なか</rt></ruby>が<ruby>砂<rt>すな</rt></ruby>だらけになった。

② 일대(전체) : <ruby>1週間前<rt>しゅうかんまえ</rt></ruby>に<ruby>日本<rt>にほん</rt></ruby>に<ruby>着<rt>つ</rt></ruby>いたばかりで、まだわからないことだらけだ。

확인문제 3

問題 **1** つぎの文の（　　　）に入れるのに最もよいものを、1・2・3・4から
一つえらびなさい。

1 お兄ちゃんはアイスクリームを私には（　　　）くれないで、一人で全部
食べてしまった。

　　1 めったに　　　　　2 とっても　　　　　3 少しも　　　　　4 ばかりも

2 この教科書は間違い（　　　）役に立たない。

　　1 だらけで　　　　　2 だけでなく　　　　3 っぽくて　　　　4 にしては

3 この子犬は昨日生まれた（　　　）だ。

　　1 まま　　　　　　　2 つもり　　　　　　3 とたん　　　　　4 ばかり

4 昨日はとても疲れて家に着いた（　　　）寝てしまった。

　　1 とたん　　　　　　2 ばかりで　　　　　3 とおり　　　　　4 かわりに

5 ウィスキーが歴史（　　　）はじめて登場したのは1405年のことだ。

　　1 中　　　　　　　　2 前　　　　　　　　3 上　　　　　　　4 下

6 この映画は何回も見たが、見る（　　　）泣いてしまう。

　　1 おきに　　　　　　2 たびに　　　　　　3 とすれば　　　　4 につれ

7 　(　　　) 安くてもおいしくなければ食べたくない。

　1 たとえ　　　　　2 少しも　　　　　3 決して　　　　　4 いつも

8 　彼女はきれいな（　　　）頭もいい。

　1 かわりに　　　　2 ついでに　　　　3 おまけに　　　　4 だけでなく

9 　雪でバスが止まったので、駅まで歩いていく（　　　　）。

　1 ことはない　　　2 のもよい　　　　3 ようになる　　　4 しかない

10 　時間はあるのであわて（　　　）ゆっくり考えてください。

　1 なく　　　　　　2 つつ　　　　　　3 ずに　　　　　　4 ても

問題 2 つぎの文の ___★___ に入る最もよいものを、1・2・3・4から一つえらびなさい。

1 教科書を忘れたので、____ ____ ____ _★__ 。

1 となりのクラスの　　　　　　　　2 しかない

3 友達から　　　　　　　　　　　　4 借りる

2 ____ ____ _★__ ____ 中学生は大人のように見える。

1 ばかりの　　　　2 子どもには　　　　3 小学校に　　　　4 入った

3 ふたりは ____ ____ _★__ ____ 落ちた。

1 合った　　　　2 恋に　　　　3 とたんに　　　　4 目が

4 友達はおいしいといったが、その店の ____ _★__ ____ ____ 。

1 少しも　　　　2 なかった　　　　3 ケーキは　　　　4 おいしくは

5 ____ _★__ ____ ____ 本当にはいない。

1 生き物で　　　　2 おには　　　　3 上の　　　　4 想像

→문법

→독해

問題 **3** つぎの文章を読んで、 | 1 | から | 5 | の中に入る最もよいものを、
1・2・3・4から一つえらびなさい。

　運動選手は本当にすごいと思います。なぜなら、| 1 | 友達が楽しそうに遊ん
でいても、自分は練習をしなくてはいけないからです。どんなに暑い日も、寒
い日も、雨の日も、雪の日も一日も | 2 | 練習しなければなりません。足や手
が | 3 | になっても、選手たちは練習を続けます。こんなにつらい練習をしたか
らといって、かならず試合に勝てるわけではありません。きっと、試合に | 4 |
「もうやめたい」と思うはずです。だから、運動選手は強い体 | 5 | 強い心も必要
です。強い体と心の両方を持った選手だけが、世界で有名な選手になることがで
きるのです。

1

1 つもり　　　2 かわりに　　　3 たとえ　　　4 やはり

2

1 休んでも　　　2 休んでは　　　3 休まずに　　　4 休まない

3

1 傷だらけ　　　2 痛く　　　3 けが　　　4 動かなく

4

1 終わったら　　　2 勝った時は　　　3 勝つたびに　　　4 負けるたびに

5

1 があれば　　　2 だけでなく　　　3 のみ　　　4 のかわりに

31 **～ついでに** ～하는 김에

접속 동사 사전형・た형 ‖ 명사－の

買_かい物_{もの}に行<sub>い</sub く**ついでに**、この手紙_{てがみ}を出<sub>だ</sub して来<sub>き</sub

32 **つまり** 즉

彼_{かれ}は獣医_{じゅうい}、**つまり**動物_{どうぶつ}の医者_{いしゃ}です。

33 **～つもり** ～한 셈, ～할 생각

접속 동사 사전형・た형 ‖ [い형용사・な형용사・명사]의 명사수식형

설명 「～たつもりで」의 형태로 쓰여 '～한 셈치고'의 뜻을 나타낸다.

君_{きみ}にうそをつく**つもり**はなかった。

34 **っけ** ～였지? ～였더라, ～든가(던가)?

今日_{きょう}の宿題_{しゅくだい}はなんだ**っけ**？

35 **～っこない** ～할 리가 없다

접속 동사 ます형

未来_{みらい}のことは誰_{だれ}にもわかり**っこない**。

36 **～っぽい** ～의 경향이 강하다, ～스럽다

접속 い형용사 어간 ‖ 명사 ‖ 동사 ます형

息子_{むすこ}は何_{なん}でもあき**っぽくて**同_{おな}じことを続<sub>つづ</sub ける

37 **〜ていては** ~하고 있어서는

[접속] 동사 て형

[설명] 상대의 나쁜 점을 들어 태도 등을 고치도록 충고할 때 쓰는 표현이다.

そんなにゆっくりやっていては今日中に終わらない。

38 **〜て以来** ~한 이래

[접속] 동사 て형

[설명] 과거 어느 시점부터 현재까지 계속되는 경우 사용한다.

病気になって以来、タバコは吸っていない。

39 **〜てでも** ~(해)서라도

[접속] 동사 て형

[설명] 강경한 수단을 나타내는 표현이다. 뒤에는 강한 의지·희망이 온다.

君が来るなら、学校を休んででも会いに行くよ。

40 **〜てはならない** ~해서는 안 된다

[접속] 동사 て형

[설명] 금지를 나타내는 표현이다.

信号のない場所で道を渡ってはならない。

확인문제 4

問題1 つぎの文の（　　　）に入れるのに最もよいものを、1・2・3・4から一つえらびなさい。

1 宿題を出さないよりは遅れ（　　　）出したほうがいい。

　1 ずに　　　　　2 てでも　　　　　3 てすぐ　　　　4 がちで

2 自分のノートを買う（　　　）妹のノートも買って帰った。

　1 ついでに　　　2 つもりで　　　3 としても　　　4 おかげで

3 7時までには家に帰らなく（　　　）。

　1 といけない　　2 てはならない　3 もない　　　　4 する

4 1時間だけゲームをする（　　　）だったが、3時間もゲームをしてしまった。

　1 思い　　　　　2 とおり　　　　3 つもり　　　　4 かわり

5 高校を出て（　　　）、その先生とは会っていない。

　1 まま　　　　　2 ぶり　　　　　3 以来　　　　　4 きり

6 こんな難しいことを子どもに説明してもわかり（　　　）。

　1 はずがない　　2 かもしれない　3 やすい　　　　4 っこない

7 大切なのは時間ではなく方法、（　　　）どのように勉強したかということだ。

   1 つまり   2 あまり   3 つもり   4 とおり

8 海とかプールとか夏（　　　）場所に行きたい。

   1 っこい   2 しい   3 っきり   4 っぽい

9 もう少し早く歩こう。ゆっくり歩い（　　　）授業に遅れてしまうよ。

   1 たかわりに   2 ていては   3 てでも   4 たとしても

10 土曜日は図書館、何時まで開いていた（　　　）。

   1 かも   2 っぽい   3 っけ   4 っこない

問題 **2** つぎの文の ＿★＿ に入る最もよいものを、１・２・３・４から一つえらびなさい。

---

1 今年の夏休みは ＿＿＿ ＿＿＿ ＿＿＿ ＿★＿ のに、お金が足りなかったから、行けなかった。

   1 だった   2 つもり   3 行く   4 海外旅行に

---

2 A 「私が教室に行った時には窓_{まど}はもう割_われていました。」

    B 「＿＿＿ ＿＿＿ ＿★＿ ＿＿＿ ないということだね。」

   1 人は   2 窓を割った   3 つまり   4 君では

---

3 ＿＿＿ ＿＿＿ ＿★＿ ＿＿＿ に隣_{となり}の部屋の壁紙も変えよう。

   1 この部屋_{へ や}の   2 変える   3 壁紙_{かべがみ}を   4 ついで

---

4 図書館の入り口の前に立っている＿＿＿ ＿＿＿ ＿★＿ ＿＿＿。

   1 何   2 名前は   3 だっけ   4 人の

---

5 ＿＿＿ ＿＿＿ ＿★＿ ＿＿＿、日本のピザはまずくて食べられない。

   1 イタリアで   2 ピザを   3 食べて   4 以来

問題3 つぎの文章を読んで、 1 から 5 の中に入る最もよいものを、
1・2・3・4から一つえらびなさい。

　僕には今、好きな女の子がいる。ところが、僕の友達も彼女のことが 1 の
だ。僕ははずかしがり屋で、なかなか女の子に話しかけることができないが、友
達は明るいし、かっこよくて男の子からも女の子からも人気がある。僕もその友
達のことは好きだ。そして、誰とでもすぐに仲良くなることができるその友達を
うらやましく思う。他のことならそんな友達に 2 とあきらめるだろう。で
も、今回だけは負けるわけにはいかない。 3 彼女に好きだと 4 。この
まま、 5 彼女を友達に取られてしまう。だから、今日こそ勇気を出して彼女
に好きだと言おう。

1

1 きらいっぽい　　　　　　　　　2 好きではない

3 好きっぽい　　　　　　　　　　4 きらいではない

2

1 勝とう　　　　　2 勝ちたくない　　3 勝たない　　　4 勝てっこない

3

1 何としてでも　　2 何か　　　　　3 誰でも　　　　4 誰か

4

1 教えなくてはならない　　　　　　2 伝えなくてはならない

3 聞かなくてはならない　　　　　　4 勝たなくてはならない

5

1 じっとしたまま　　　　　　　　　2 じっとしていても

3 じっとしていては　　　　　　　　4 じっとしながら

41 **〜というのは** ~라고 하는 것은

[접속] 명사

[설명] 용어 등을 설명할 때 쓰는 표현이다.

^{ちゅうごく}中国というのは実に^{じつ}歴史^{れきし}の長い^{なが}国だ^{くに}。

42 **〜というより** ~라기 보다

[접속] [동사·い형용사·な형용사·명사]의 보통형

[비교] な형용사·명사는 「〜だ」가 붙지 않는 경우가 많다.

^{わたし}私が強い^{つよ}というより、相手^{あいて}が弱すぎだ^{よわ}。

43 **〜といけない** ~(하)면 안 된다, ~(하)면 곤란하다

[접속] 동사 사전형

^{かぜ}風邪がうつるといけないので、1人^{ひとり}だけ別^{べつ}の部屋^{へ や}で寝る^ね。

44 **〜といっても** ~라고 해도

[접속] [동사·い형용사·な형용사·명사]의 보통형

^{えい ご}英語ができるといっても、英語^{えい ご}で会話^{かい わ}ができるくらいです。

45 **〜とおり(に) / 〜どおり(に)** ~대로

[접속] 동사 사전형·た형 ‖ 명사-の + とおり(に)·명사 + どおりに

^{せんせい}先生の言う^いとおり、毎日^{まいにち}3時間^{じ かん}ずつ勉強^{べんきょう}する。

46 **〜とか** ~라던데, ~라고 한다

[접속] [동사·い형용사·な형용사·명사]의 보통형

^{せんせい}先生がけがで入院^{にゅういん}したとかで2週間授業^{しゅうかんじゅぎょう}は休み^{やす}だそうだ。

47 **～としたら / ～とすれば** ~라면 / ~라고 한다면

접속 [동사·い형용사·な형용사·명사]의 보통형

君ではないとしたら、昨日私に電話をしたのはいったい誰だろう。

48 **～として / ～としては/ ～としても** ~로서 / ~로서는 / ~로서도

접속 명사

설명 입장·자격 등을 나타내는 표현이다.

私の母はテニス選手として有名な人だ。

49 **～とともに**

접속① 명사 + とともに : ~와 함께

今朝は兄とともに家を出た。

접속② 동사 사전형 ‖ い형용사-い ‖ な형용사-である ‖ 명사-である : ~와 동시에

大学を卒業するとともに、結婚した。

50 **～など / ～なんか / ～なんて** ~등 / ~따위 / ~같은 것

접속 명사

① 예시

警察は私に名前、住所、年などを尋ねた。

② 경시·경멸 (부정적으로 말하는 경우)

私は決してうそなんかつきません。

확인문제 5

問題1 つぎの文の（　　　）に入れるのに最もよいものを、1・2・3・4から
一つえらびなさい。

1 日本ではふつう、20歳(はたち)以上の人を大人（　　　）考える。

  1 らしく 　　　　 2 のように 　　　　 3 として 　　　　 4 っぽく

2 自分が母親になる（　　　）今でも信(しん)じられない。

  1 など 　　　　 2 には 　　　　 3 ほど 　　　　 4 わりに

3 友達(ともだち)（　　　）本当にこまったときに助けてくれるものだ。

  1 というのは 　　　 2 といっても 　　　 3 にしては 　　　 4 にかわって

4 母の日にプレゼント（　　　）手紙を送った。

  1 ばかりか 　　　 2 に対し 　　　 3 には 　　　 4 とともに

5 A「白と黒、どちらの色がいいかな。」
　B「私が買う（　　　）白は汚れやすいから黒を選ぶよ。」

  1 については 　　　 2 としたら 　　　 3 からには 　　　 4 つもりは

6 彼女(かのじょ)は最近(さいきん)、子どもが生まれた（　　　）で忙(いそが)しいようだ。

  1 など 　　　　 2 なか 　　　　 3 とか 　　　　 4 よか

7 チケットが高い（　　　）大きな音が苦手なのでコンサートにはあまり行かない。

1 としても　　　　　2 からといって　　3 に比べて　　　4 というより

8 両親（りょうしん）が心配（しんぱい）する（　　　）ので、そろそろ帰ります。

1 みたい　　　　　　2 といけない　　　3 しかない　　　4 らしい

9 日本人（　　　）さしみが好きではない人もいる。

1 とすれば　　　　　2 というのは　　　3 といっても　　4 というより

10 雨（あめ）が降（ふ）っても予定（よてい）（　　　）、明日は遠足（えんそく）に行きます。

1 どおり　　　　　　2 として　　　　　3 まま　　　　　4 でも

問題 **2** つぎの文の ____★____ に入る最もよいものを、1・2・3・4から一つえらびなさい。

1 ____ ____ ____ __★__ 、私を待たずに先に行ってください。

   1 授業に   2 いけない   3 ので   4 遅れると

2 どこでも、____ ____ __★__ ____ 中学生でも大人のように見える。

   1 好きな   2 行ける   3 国に   4 としたら

3 今は結婚し、二人の ____ ____ __★__ ____ 過ごしています。

   1 として   2 忙しく   3 母親   4 子どもの

4 さっき試験が終わったばかりなのに ____ ____ __★__ ____ ないよ。

   1 聞きたく   2 なんて   3 話   4 勉強の

5 ____ ____ __★__ ____ にはいろいろな種類のチーズがある。

   1 チーズ   2 ひとことで   3 世界中   4 といっても

問題3 つぎの文章を読んで、 1 から 5 の中に入る最もよいものを、
1・2・3・4から一つえらびなさい。

あなたには友達がたくさんいますか。その友達の中で、高校や大学を卒業する
1 会わなくなった友達は何人いますか。ある調査の結果では、友達はたくさ
んいると言っても、親友と呼べる友達は一人か二人しかいない、と答えた人が一
番多かった 2 。また、親友 3 、自分の思った 4 ならない時や何
か失敗してしまった時など、つらい時にそばにいてくれる友達だと考える人が多
いようです。楽しい時、うれしい時に一緒にいる友達ももちろん必要です。しか
し、私たちが本当に友達が必要だと思うのは、うれしい、楽しい時 5 、自分
がつらい時のようです。

1

1 あとに　　　　　2 ために　　　　　3 とともに　　　　4 かわりに

2

1 まで　　　　　2 とか　　　　　3 もん　　　　　4 しか

3

1 といっても　　　2 というより　　　3 というので　　　4 というのは

4

1 とたんに　　　　2 とおりに　　　　3 ばかりに　　　　4 ふりに

5

1 というよりも　　2 なので　　　　　3 もあれば　　　　4 のかわりに

51 **～にかわって / ～にかわり** ① (지금까지의 ～가 아니라)～을 대신해서 ② ～의 대리로

접속 명사

人間にかわってコンピューターが色々な仕事をするようになった。

母が風邪をひいたので、母にかわり父が出席した。

52 **～に関して(は) / ～に関しても / ～に関する** ～에 관해서(는) / ～에 관해서도 / ～에 관한

접속 명사

未来に関してはまだ何も決まっていない。

53 **～に決まっている** ～로 정해져 있다, 반드시 ～이다

접속 [동사・い형용사]의 보통형 ‖ な형용사 어간 ‖ 명사

こんなに練習したのだから、私たちが勝つに決まっているよ。

54 **～に比べて / ～に比べ** ～에 비해(서)

접속 명사

30年前に比べてタバコを吸う女性は2倍に増えた。

55 **～にしては** ～치고는

접속 [동사・い형용사・な형용사・명사]의 보통형

예의 な형용사와 명사는 「～だ」가 붙지 않는다.

弟は小学生にしては背が高い。

56 **～にすぎない** ～에 지나지 않다, ～에 불과하다

접속 동사 보통형 ‖ な형용사-である ‖ 명사・명사-である

女性の社員は全体の5％にすぎない。

57 **～に対して(は) / ～に対し / ～に対しても / ～に対する**

~에 대해서(는) / ~에 대해 / ~에 대해서도 / ~에 대한

접속 명사

설명 대상·상대를 나타내는 표현이다.

授業に対する意見があれば、この紙に書いて出してください。

58 **～について(は) / ～につき / ～についても / ～についての**

~에 대해서(는) / ~에 대해 / ~에 대해서도 / ~에 대한

접속 명사

설명 생각이나 이야기의 내용을 나타낸다.

今日は日本のお正月についてお話しします。

59 **～につれて / ～につれ** ~에 따라서 / ~에 따라

접속 동사 사전형 ‖ 명사

インターネットを使う人が増えるにつれて新聞を読む人が減っている。

60 **～にとって(は) / ～にとっても / ～にとっての** ~에 있어서(는) / ~에 있어서도 / ~에 있어서의

접속 명사

설명 뒤에는 판단이나 평가가 온다.

大人にとって簡単なことでも、子どもにとっては難しいことがある。

확인문제 6

問題 **1** つぎの文の（　　　）に入れるのに最もよいものを、1・2・3・4から一つえらびなさい。

1 忙しいお母さん（　　　）おばあちゃんがいつもご飯をつくる。

　　1 にかわって　　　2 に比べて　　　　3 というより　　　4 に対して

2 年をとる（　　　）誕生日がうれしくなくなる。

　　1 とおりに　　　　2 につれて　　　　3 とたんに　　　　4 ついでに

3 先生はどんな質問（　　　）わかりやすく答えてくれる。

　　1 のたびにも　　　2 に対しても　　　3 にかわっても　　4 だけでなく

4 みなさんは、子どもが携帯電話を持つこと（　　　）どう思いますか。

　　1 をして　　　　　2 になって　　　　3 とって　　　　　4 について

5 私に（　　　）旅行は一番の楽しみです。

　　1 よって　　　　　2 して　　　　　　3 もって　　　　　4 とって

6 昨日の事故に（　　　）知っていることがあれば話してください。

　　1 かわって　　　　2 比べて　　　　　3 関して　　　　　4 ならべて

7 こんなに夜遅くまで起きていたら、明日は寝坊するに（　　　）。

1 決まっている　　　2 わかっている　　3 思っている　　　4 予定している

8 大学を卒業することは人生においては始まりに（　　　）。

1 だけだ　　　　　2 ばかりだ　　　　3 すぎない　　　　4 かわらない

9 去年に（　　　）日本語がずいぶん上手になった。

1 比べて　　　　　2 かわって　　　　3 しては　　　　　4 とって

10 今日は8月に（　　　）すずしい1日だった。

1 よれば　　　　　2 しては　　　　　3 とっては　　　　4 さえ

1 ＿＿＿ ＿＿＿ ＿＿＿ ＿**★**＿ 私がその手紙を書きました。

  1 けがした   2 にかわって   3 友達   4 手を

2 100グラム2,000円もする ＿＿＿ ＿＿＿ ＿**★**＿ ＿＿＿。

  1 肉   2 だから   3 決まってる   4 おいしいに

3 日本語を勉強する外国人と同じように、＿＿＿ ＿**★**＿ ＿＿＿ ＿＿＿ ことは難^{むずか}しい。

  1 覚^{おぼ}える   2 にとっても   3 漢字を   4 日本人

4 日本では ＿＿＿ ＿＿＿ ＿**★**＿ ＿＿＿ は敬語^{けいご}を使わなければならない。

  1 年上の人   2 に対して   3 よりも   4 自分

5 地球上の水のうち、人間が使える ＿＿＿ ＿＿＿ ＿＿＿ ＿**★**＿。

  1 すぎない   2 0.01%に   3 水は   4 たった

問題3 つぎの文章を読んで、 1 から 5 の中に入る最もよいものを、1・2・3・4から一つえらびなさい。

子どもを初めて育てるときには自分の子ども　1　心配になることが多い。子どもが小さいときには、子どもの成長の速さの違いが大きいので、同じ年の子ども　2　、自分の子どもは1歳　3　体が小さいとか、1歳なのにあまり言葉をしゃべらないとか心配することが多いようだ。子どものうちは成長の速さに違いがあるが、子どもが成長する　4　、差はだんだんなくなっていく。早くても遅くても数年後には誰でも同じように言葉をしゃべれるようになる。だから、子どもが元気に育っていれば、他の子どもとの　5　、心配することはない。

1

1 にかわり　　　　2 のほうが　　　　3 に関して　　　　4 のように

2

1 に比べて　　　　2 について　　　　3 に見て　　　　4 に聞いて

3

1 になれば　　　　2 にしては　　　　3 にとっては　　　　4 によれば

4

1 につれて　　　　2 たびに　　　　3 ために　　　　4 ついでに

5

1 違うからといって　　　　　　　2 違っていても

3 違いにくらべて　　　　　　　　4 違いについて

61 **〜には** 〜에는, 〜(하)려면

[접속] 동사 사전형

[설명] 목적을 나타내는 표현이다.

この車は5人が乗るには狭すぎる。

62 **〜によって(は) / 〜により / 〜による / 〜によれば**

[접속] 명사

① 동작의 주체 : 〜에 의해서(는) / 〜에 의해 / 〜에 의한 / 〜에 의하면

これはピカソによって描かれた絵だ。

② 원인·이유 : 〜에 의해, 〜때문에

台風により飛行機は飛ぶことができなかった。

③ 수단·방법 : 〜에 의해, 〜로

投票によってクラスの代表を決めた。

④ 〜에 따라, 〜의 경우에는

先生によって教え方がちがう。

63 **〜のも当然だ** 〜(하는) 것도 당연하다

[접속] 동사 사전형

毎日お酒を飲んでいれば、体を壊すのも当然だ。

64 **〜ばかりで** 〜할 뿐이고

[접속] 동사 사전형

彼女は自分の話をするばかりで人の話は聞かない。

65 **〜ば〜ほど** ~(하)면 ~(할)수록

[접속] [동사·い형용사·な형용사·명사]의 ば형 + ば +

[동사 사전형·い형용사-い·な형용사-な(である)·명사-である] + ほど

日本語は勉強すればするほどおもしろくなる。

66 **〜はもちろん / 〜はもとより** ~은 말할 것도 없고 / ~은 물론

[접속] 명사

この映画は子どもはもちろん、大人が見ても十分におもしろい。

67 **〜反面 / 〜半面** ~(한) 반면

[접속] [동사·い형용사·な형용사]의 명사수식형 ‖ 명사-である

大学生になってうれしい反面、勉強が難しくないか心配でもある。

68 **〜ふり** ~인 척

平気なふりをしたが、本当は泣きそうだった。

69 **〜ぶりに** ~만에

[접속] 명사

[설명] 시간의 경과를 나타내는 말에 접속한다.

３年ぶりに大学時代の友だちに会った。

70 **〜べき** ~해야 할(될)

遅れるのなら、電話するべきだったのに。

확인문제 7

問題1 つぎの文の（　　　）に入れるのに最もよいものを、1・2・3・4から一つえらびなさい。

1 友だちの家は歩いて行く（　　　）少し遠^{とお}いので、自転車で行くことにした。

　1 したら　　　　2 には　　　　　3 ようには　　　4 ほど

2 妹は泣^なく（　　　）何があったのか話そうとしない。

　1 きりで　　　　2 べきで　　　　3 つもりで　　　4 ばかりで

3 寝^ねた（　　　）をしているうちに本当に寝^ねてしまった。

　1 まま　　　　　2 ふり　　　　　3 ぎみ　　　　　4 よう

4 毛^けの長い犬は寒^{さむ}さには強い（　　　）、暑^{あつ}さにはとても弱^{よわ}い。

　1 おかげで　　　2 対して　　　　3 反面　　　　　4 ようで

5 お酒を飲んで車を運転すれば、事故がおきるのも（　　　）。

　1 当然だ　　　　2 最中だ　　　　3 そうだ　　　　4 きっかけだ

6 今日は久し（　　　）映画を見ることになっている。

　1 おきに　　　　2 うちに　　　　3 ぶりに　　　　4 あとに

7 駅から近ければ近い（　　　）アパートの値段は高くなります。

1 ほど 　　　　　 2 こそ 　　　　　 3 うえ 　　　　　 4 ので

8 病気に（　　　）1ヶ月間入院していた。

1 して 　　　　　 2 なので 　　　　　 3 ため 　　　　　 4 より

9 若いうちにいろいろな経験をする（　　　）だ。

1 まで 　　　　　 2 わけ 　　　　　 3 べき 　　　　　 4 ほど

10 彼は日本は（　　　）世界でも有名なひとだ。

1 もとから 　　　　 2 まったく 　　　　 3 もとより 　　　　 4 ぜったい

問題2 つぎの文の ___★___ に入る最もよいものを、1・2・3・4から一つえらび
なさい。

1 この問題は _____ _★_ _____ _____ 。

　　1 考える　　　　　　2 ほど　　　　　　3 わからなくなる　4 考えれば

2 おばあちゃんの家の近くには _____ _____ _★_ _____ 。

　　1 デパートは　　　2 コンビニも　　3 ない　　　　　4 もちろん

3 2時間も遅れたら _____ _____ _★_ _____ 。

　　1 おこって　　　　2 友達が　　　　3 当然だ　　　　4 帰るのも

4 A 「このケーキはどう？ おいしそうだよ。」
　　B 「おいしそうだけど、_____ _★_ _____ _____ ない？」

　　1 大きすぎ　　　　2 ふたりで　　　3 には　　　　　4 食べる

5 一生懸命勉強したので _____ _____ _____ _★_ 。

　　1 試験を　　　　　2 あとは　　　　3 ばかりだ　　　4 受ける

問題3 つぎの文章を読んで、 1 から 5 の中に入る最もよいものを、
1・2・3・4から一つえらびなさい。

　私たちは子どもの時から、「うそをついてはいけない」、「うそは悪いものだ」と
教えられてきました。しかし、うそのおかげで人間関係や仕事がうまくいくこと
もあります。例えば、1年 1 に道で友達に会った時、「連絡しようと思って
いた」とうそをついて、会いたかった 2 をします。本当は忙しくてその友達
のことはすっかり忘れていたけれど、本当のことを言うと、友達はきっと気分を
悪くするはずです。うそは 3 と言うけれど、このようにうそが必要なときも
あるようです。ある研究 4 、男の人は一日に5回くらい、女の人は3回く
らいうそをつくようです。男の人のほうがうそをつく回数が多い 5 、うそを
つくのが上手なのは女の人だということもわかっています。

1

1 おき　　　　　2 きり　　　　　3 ぶり　　　　　4 ほど

2

1 ふり　　　　　2 まね　　　　　3 みたい　　　　4 よう

3

1 ついてもよい　　　　　　　　　2 つくものだ
3 つくしかない　　　　　　　　　4 つくべきではない

4

1 としては　　　　2 によれば　　　3 とともに　　　4 に対して

5

1 一面　　　　　2 両面　　　　　3 反面　　　　　4 対面

71 **～ほど / ～ほどだ / ～ほどの** ～정도, ～만큼 / ～정도다 / ～정도의

[접속] 동사 사전형·ない형 ‖ い형용사-い ‖ な형용사-な ‖ 명사

その服は思っているほど高くなかった。

72 **～ほど** ～(할)수록

[접속] 동사 사전형 ‖ い형용사-い ‖ な형용사-な ‖ 명사

経験は多ければ多いほどよい。

73 **～に向かって** ～을(를) 향해서

[접속] 명사

飛行機はアメリカに向かって飛び立った。

74 **～まま** ～인 채

[접속] 동사 た형

冷房をつけたまま寝ると、風邪をひくよ。

75 **まったく～ない** 전혀 ～없다

私は映画にはまったく興味がない。

76 **～みたいだ / ～みたいに / ～みたいな** ～같다 / ～같이 / ～같은

まだ子どもなのに大人みたいに考えがしっかりしている。

77 **めったに～ない** 좀처럼 ～않다, 거의 ～않다

図書館が閉まっている時以外はめったに家で勉強をしない。

78 **〜も〜ば〜も** ~도 ~하고 ~도

[접속] 명사－も + 동사 ば형 + ば + 명사－も

[설명] 앞뒤의 내용이 좋은 것끼리, 혹은 나쁜 것끼리 짝을 지어 온다.

時間も過ぎれば痛みも忘れる。

79 **〜もかまわず** ~도 상관하지 않고, ~도 아랑곳하지 않고

[접속] 명사

時間も場所もかまわず、自分がしたいことをする。

80 **〜もの** ~(인)것, ~(인)법, ~이기 마련임

[접속] [동사·い형용사·な형용사·명사]의 보통형

[설명] 이유에 대한 설명이나 변명 등을 나타낸다.

[해요] 「です」「ます」에 접속하는 경우도 있다.

子どもというのは親の言うことを聞かないものだ。

확인문제 8

問題1 つぎの文の（　　　）に入れるのに最もよいものを、1・2・3・4から一つえらびなさい。

1 サッカー選手になるという夢に（　　　）1日も休まず練習する。

  1 関して　　　　　2 決して　　　　　3 ため　　　　　4 向かって

2 娘は勉強（　　　）しなければ、家の手伝い（　　　）しない。

  1 しか　　　　　2 を　　　　　3 も　　　　　4 など

3 父は優しい性格で、（　　　）怒らない。

  1 さっぱり　　　　　2 とっても　　　　　3 めったに　　　　　4 やっぱり

4 今までに彼（　　　）頭のいい人には会ったことがない。

  1 まで　　　　　2 ほど　　　　　3 こそ　　　　　4 みたい

5 めがねをかけた（　　　）顔を洗ってしまった。

  1 まま　　　　　2 とたん　　　　　3 ものの　　　　　4 きり

6 A 「ようこさんがスカートをはくなんて、めずらしいですね。」
   B 「スカートをはくときもありますよ。私も女です（　　　）。」

  1 もの　　　　　2 ため　　　　　3 こそ　　　　　4 ます

7 お酒をたくさん飲んだので、昨日のことについて（　　　）覚えていない。

1 めったに 　　　　 2 まったく 　　　　 3 すっきり 　　　　 4 じっくり

8 人の目も（　　　）大きな声で話す。

1 かわさず 　　　　 2 かなわず 　　　　 3 かんじず 　　　　 4 かまわず

9 まじめなひと（　　　）ストレスが感じやすい。

1 やら 　　　　 2 ほど 　　　　 3 しか 　　　　 4 では

10 友だちは今日はもう家に帰った（　　　）だ。

1 らしい 　　　　 2 しだい 　　　　 3 みたい 　　　　 4 っぽい

1 急いで用意したので、パジャマの ＿＿＿ ＿★＿ ＿＿＿ ＿＿＿ しまった。

1 ズボンを　　　　　2 はいた　　　　　3 でかけて　　　　4 まま

2 お姉さんは結婚してアメリカに住んでいるので ＿＿＿ ＿＿＿ ＿＿＿ ＿★＿。

1 会う　　　　　　　2 できない　　　　3 ことが　　　　　4 めったに

3 ダイエットとは ＿＿＿ ＿＿＿ ＿★＿ ＿＿＿ だ。

1 なかなか　　　　　2 いかない　　　　3 もの　　　　　　4 うまく

4 最近の歌手は ＿＿＿ ＿★＿ ＿＿＿ ＿＿＿ なくてはいけない。

1 歌も　　　　　　　2 ダンスも　　　　3 おどれ　　　　　4 歌えば

5 A 「図書館ってどこにあるの？」
　　B 「あそこにある ＿＿＿ ＿＿＿ ＿★＿ ＿＿＿ だよ。」

1 教会　　　　　　　2 図書館　　　　　3 みたいな　　　　4 建物が

問題3 つぎの文章を読んで、 1 から 5 の中に入る最もよいものを、
1・2・3・4から一つえらびなさい。

努力ほど美しいものはありません。発明の天才と言われたエジソンは「天才とは
1%のひらめきと99%の努力である」と言いました。天才と聞くと、私たちは、
生まれた時からふつうの人とは違うので、 1 努力をしなくてもよい人だと考
えがちです。しかし、エジソン 2 天才でも何度も失敗したからこそ、歴史
に残る発見や発明ができたのです。失敗を怖がっていたら、前に進むことができ
ません。失敗しても、自分には才能がないと途中で投げ出してはいけません。失
敗をたくさんする 3 夢に近づくことができるのです。本当に夢をかなえたけ
れば、まわりの人の反対 4 自分の夢 5 努力をしてください。そうすれ
ば、すぐには結果が出なくても、きっと夢をかなえることができます。

1

　1 うっかり　　　　2 まったく　　　　3 しっかり　　　　4 もっとも

2

　1 ような　　　　　2 までの　　　　　3 っぽい　　　　　4 ほどの

3

　1 ほど　　　　　　2 くらい　　　　　3 には　　　　　　4 まま

4

　1 も向かって　　　2 もかまわず　　　3 も対して　　　　4 もかわらず

5

　1 のように　　　　2 に関して　　　　3 に向かって　　　4 について

81 **〜たものだ** 〜(하곤)했다, 〜했었지

[접속] 동사 た형

おさないころはこの公園で毎日遊んだものだ。

82 **〜やら〜やら** 〜와 〜와, 〜하기도 하고 〜하기도 하고

[접속] 동사 사전형 ‖ い형용사－い ‖ 명사

家にお客さんが来るので、掃除をするやら料理をするやらで忙しい。

83 **〜ようがない / 〜ようもない** 〜할 방법이 없다 / 〜할 방법도 없다

[접속] 동사 ます형

友だちは携帯電話を持っていないので、連絡の取りようがない。

84 **〜ようで** 〜인 것 같고, 〜인 것 같아서, 〜인 것 같지만

[접속] 동사 보통형 ‖ な형용사－な ‖ い형용사－い ‖ 명사－の

知っているようで知らないことはたくさんある。

85 **〜(よ)うとする** 〜(하)려고 하다

[접속] 동사 의지형

赤ちゃんは何でも口に入れようとする。

86 **〜ようなら** 〜할 것 같으면, 〜같은 경우라면

[접속] 동사 보통형

[설명] 「〜ようだ」의 조건형(條件形)이다.

道がわからないようなら、電話してください。

87 **～ように**

접속① 동사 ‖ 명사의 명사수식형 : ～같이 (예를 들어 설명함)

鳥のように自由に空を飛べたらいいなと思う。

접속② 동사 가능형·ない형 : ～(하)도록 (목표를 나타냄)

明日遊びに行けるように今日中に宿題を終わらせる。

88 **～(よ)うと思う** ～(하)려고 (생각)하다

접속 동사 의지형

この時間は道が込むので電車で行こうと思う。

89 **～ようになった** ～하게 되었다

子どものころは魚がきらいだったが、最近はおいしいと思うようになった。

90 **～(よ)うとしない** ～하려고 하지 않다

접속 동사 의지형

彼は自分のものを人に貸そうとしない。

問題 1 つぎの文の（　　　）に入れるのに最もよいものを、1・2・3・4から一つえらびなさい。

1 薬を飲んでもよくならない（　　　）、また病院に来てください。

1 ようなら 　　　 2 するなら 　　　 3 でしたら 　　　 4 くらいなら

2 学生の時には週に3回はお酒を飲んだ（　　　）だ。

1 とおり 　　　 2 まま 　　　 3 もの 　　　 4 わり

3 働き始めてからたばこを吸う（　　　）。

1 ころになった 　　 2 ようになった 　　 3 ものになった 　　 4 だけになった

4 今日は友だちがお金を出すというので、ピザ（　　　）デザート（　　　）たくさん食べた。

1 など 　　　 2 とも 　　　 3 やら 　　　 4 にも

5 毎日、日記をつけるというのは簡単な（　　　）難しいことだ。

1 ようだし 　　　 2 ようで 　　　 3 ように 　　　 4 ようなら

6 鍵をなくしてしまったので家族が帰ってくるまで家の中に入り（　　　）。

1 たくない 　　　 2 しかない 　　　 3 かもしれない 　　　 4 ようがない

7 家に（　　　）した時、もうひとつ仕事を頼（たの）まれた。

　1 帰ろうと　　　　2 帰るか　　　　3 帰って　　　　4 帰るよう

8 明日は9時に遅（おく）れない（　　　）集まってください。

　1 ようなので　　　2 ようでも　　　3 ようなら　　　4 ように

9 明日は運動会なので早めに寝（　　　）。

　1 ようものだ　　　2 ようと思う　　　3 ようとなる　　　4 ようにもない

10 意見が違う人の話は（　　　）しない。

　1 聞こうと　　　　2 聞く　　　　　3 聞くつもり　　　4 聞くかも

つぎの文の ___★___ に入る最もよいものを、1・2・3・4から一つえらびなさい。

1 薬を ___ ___ ___ _★_ また病院に来てください。

   1 痛みが   2 ようなら   3 飲んでも   4 続く

2 今度、大阪を ___ _★_ ___ ___ どこに行けばいいですか？

   1 旅行   2 思う   3 のですが   4 しようと

3 うちの子供はきらいな ___ ___ ___ _★_ 。

   1 としない   2 食べよう   3 ものは   4 ぜったいに

4 言葉が通じなくても ___ ___ _★_ ___ だ。

   1 とする   2 伝えよう   3 大切   4 心が

5 同じような ___ ___ _★_ ___ 。

   1 選びよう   2 商品   3 がない   4 ばかりで

問題3 つぎの文章を読んで、 [1] から [5] の中に入る最もよいものを、
1・2・3・4から一つえらびなさい。

　昔は犬は家の外で飼うもので、犬は人間のご飯の残りを [1] 。しかし、最近
では、犬も家族の一人として考える [2] 。ペットショップに行けば、犬のため
の服 [3] 靴 [3] が売られている。さらに、犬のためのケーキやアイスクリ
ームまである。犬を人間のようにかわいがることは悪いことではないが、犬と一
緒に楽しい生活を送るためには、しつけも大切だ。犬をかわいがるひとが増えて
いる反面、思ったように育てることができずに、犬を捨ててしまうひとも増えて
いるからだ。犬のしつけと言うと、人間のためだけのもの [4] が、実は犬のた
めのものでもある。犬のしつけとは、犬と人間が共に楽しく [5] するための方
法を、犬に教える事なのだ。

1

1 食べるべきだ　　2 食べたがった　　3 食べたものだ　　4 食べなかった

2

1 ようになった　　2 はずだ　　　　3 かもしれない　　4 ほうだ

3

1 やら　　　　2 も　　　　3 まで　　　　4 さら

4

1 らしい　　　　2 である　　　　3 みたい　　　　4 のようだ

5

1 教えようと　　　　　　　　　2 暮らせるように
3 しつけできるように　　　　　4 かわいがろうと

91 **〜らしい** ~답다

途中(とちゅう)でやめるとは君(きみ)らしくない。

92 **わけ** 이유, 까닭, 사정

3時(じ)まで起(お)きていたら、寝坊(ねぼう)するわけだ。

93 **〜わりに(は)** ~(에) 비해서(는)

접속 [동사·い형용사·な형용사·명사]의 명사수식형

勉強(べんきょう)をしなかったわりにはテストがよくできた。

94 **〜を〜として / 〜を〜とする / 〜を〜とした**

~을 ~로 하여 / ~을 ~로 하다(하는) / ~을 ~로 한

접속 명사 + を + 명사

설명 「〜として」 앞에는 목적·입장·역할·종류 등을 나타내는 말이 온다.

子犬(こいぬ)を新(あたら)しい家族(かぞく)として迎(むか)える。

95 **〜をきっかけに(して) / 〜をきっかけとして** ~을 계기로 (하여) / ~을 계기로

접속 명사

설명 회화체에서 주로 사용한다.

日本人(にほんじん)の友(とも)だちができたことをきっかけに日本語(にほんご)の勉強(べんきょう)を始(はじ)めた。

96 **〜を契機(けいき)に(して) / 〜を契機(けいき)として** ~을 계기로 (해서) / ~을 계기로

접속 명사

설명 문장체에서 주로 사용한다.

結婚(けっこん)を契機(けいき)に仕事(しごと)をやめる女性(じょせい)が多(おお)い。

97 **～を込めて** ～을 담아

접속 명사

설명 '～한 마음을 그 속에 담아'의 의미다.

日本では母の日に感謝の気持ちを込めてカーネーションの花を贈る。

98 **～を中心に(して) / ～を中心として** ～을 중심으로 (해서) / ～을 중심으로 하여

접속 명사

若い人を中心にインターネットで買い物をする人が増えている。

99 **～を問わず / ～は問わず** ～을 불문하고 / ～에 관계없이

접속 명사

京都には季節を問わず、一年中たくさんの旅行客が来る。

100 **～をはじめ / ～をはじめとする** ～을 비롯하여 / ～을 비롯한

접속 명사

彼女は英語をはじめ、5ヶ国語を話すことができる。

101 **～をめぐって / ～をめぐる** ～을 둘러싸고 / ～을 둘러싼

접속 명사

설명 뒤에는 주로 의견의 대립이나 분쟁의 발생 등을 나타내는 내용이 온다.

この問題をめぐって意見が大きく2つに分かれている。

확인문제 10

問題 1 つぎの文の（　　　　）に入れるのに最もよいものを、1・2・3・4から
一つえらびなさい。

1 今年は花柄(はながら)の女の子（　　　　）ワンピースが人気だ。

1 くらい　　　　　2 しい　　　　　　3 よう　　　　　　4 らしい

2 料理するときに大切なことは食べる人のことを考えながら、心を（　　　　）
作ることだ。

1 しめて　　　　　2 こめて　　　　　3 あげて　　　　　4 みせて

3 60点以上を合格点（　　　　）。

1 である　　　　　2 とする　　　　　3 になる　　　　　4 にみる

4 使いやすくて値段(ねだん)の（　　　　）いい商品だ。

1 かわりに　　　　2 ままに　　　　　3 わりに　　　　　4 ように

5 入院を（　　　　）たばこをやめる人が多いという。

1 契機として　　　2 天気として　　　3 元気として　　　4 有機として

6 野菜(やさい)や魚を（　　　　）和食(わしょく)が健康食(けんこうしょく)として世界中で注目されている。

1 関心とする　　　2 中心とする　　　3 原因とする　　　4 中間とする

7 明日のパーティーには年齢や国籍を（　　　）、いろいろな人が集まる予定だ。

1 知らず　　　　　2 わからず　　　　3 問わず　　　　4 言わず

8 ふたりの男性は同じ女性を好きになり、その一人の女性を（　　　）争った。

1 めぐって　　　　2 むかって　　　　3 なぐって　　　　4 みあって

9 図書館にはよく行くが、毎日行く（　　　）ではない。

1 から　　　　　2 はず　　　　　3 だけ　　　　　4 わけ

10 この事件を（　　　）として人々は食品の安全に興味を持つようになった。

1 もと　　　　　2 わけ　　　　　3 きっかけ　　　　4 だから

11 この店では日本茶を（　　　）、世界の国々のお茶が売られている。

1 最初に　　　　2 はじめ　　　　3 はじまり　　　　4 まず

1 日本人の多くは ＿＿＿＿ ＿＿＿＿ ＿★＿ ＿＿＿＿ 桜<ruby>桜<rt>さくら</rt></ruby>の花を思い出す。

  1 らしい   2 花と   3 春   4 聞くと

2 ひなまつりは女の子が ＿＿＿＿ ＿★＿ ＿＿＿＿ ＿＿＿＿ 行う行事だ。

  1 育つように   2 元気に   3 願いを   4 こめて

3 <ruby>彼<rt>かれ</rt></ruby>は学生の時、＿＿＿＿ ＿★＿ ＿＿＿＿ ＿＿＿＿ 旅行した<ruby>経験<rt>けいけん</rt></ruby>がある。

  1 中国   2 をはじめ   3 20の   4 国を

4 この店は ＿＿＿＿ ＿＿＿＿ ＿★＿ ＿＿＿＿ よく昼ごはんを食べにくる。

  1 おいしい   2 わりに   3 ので   4 <ruby>値段<rt>ね だん</rt></ruby>の

5 ＿＿＿＿ ＿＿＿＿ ＿★＿ ＿＿＿＿ 英語を勉強しようと思う。

  1 今回の   2 もう一度   3 旅行を   4 きっかけに

→ 문법

→ 독해

問題**3** つぎの文章を読んで、 1 から 5 の中に入る最もよいものを、
1・2・3・4から一つえらびなさい。

　携帯電話（けいたいでんわ）を使う人は年齢（ねんれい） 1 、毎年増え続（つづ）けています。自分の携帯電話と会
社で使う携帯電話など２つ以上の携帯電話をもっている人も少なくありません。
若い人を 2 家には電話を置（お）かずに、携帯電話だけを使う人が増えているよう
です。最近の携帯電話はカメラやＭＰ３、テレビとしても使うことができます。
また、携帯電話でインターネットを楽しむこともできるようになりました。つま
り、携帯電話がコンピューターのかわりまでする 3 です。携帯電話はとても
便利（べんり）なものですが、携帯電話を注意しなければならない 4 考え方もありま
す。特に、子どもが携帯電話を持つこと 5 意見が大きく２つにわかれている
ようです。

1

1 を聞かず　　　2 を問わず　　　3 を知らず　　　4 を関係なく

2

1 真ん中に　　　2 円心に　　　3 中心に　　　4 原因（げんいん）に

3

1 こと　　　2 わけ　　　3 だけ　　　4 もの

4

1 道具にする　　　2 道具である　　　3 道具ではない　　　4 道具とする

5

1 をめぐって　　　2 を関して　　　3 を対して　　　4 をこめて

1o2 사역 (使役) : 〜せる / 〜させる 〜하게 하다, 〜시키다

만드는 법

1그룹 동사 : 어미 **ウ**단 → **ア**단 + **せる**

行く → 行かせる

飲む → 飲ませる

(단, 「〜う」로 끝나는 동사는 「〜わせる」가 된다. 歌う → 歌わせる)

2그룹 동사 : 어간 + **させる**

見る → 見させる

食べる → 食べさせる

3그룹 동사 : する → させる

来る → 来させる

① 강제

お母さんは忙しかったので、私をおつかいに行かせた。

② 허가 · 허락

お父さんは少しだけ私にもビールを飲ませてくれた。

③ 유발 : 어떤 사람의 행위가 다른 사람에게 감정을 불러 일으킴

彼の話は私をイギリスに行かせるきっかけになった。

④ 〜해 주다 : 〜させてあげる

お兄さんは手をけがしているので、私がご飯を食べさせてあげた。

103 **사역수동 (使役受け身) : ～せられる / ～させられる**

(다른 사람이 시켜서) 마지못해(어쩔 수 없이) ～하다

만드는법

동사의 사역형 + 수동형

1그룹 동사 : 行(い)く → 行(い)かせる(사역) → 行(い)かせられる(사역수동)

　　　　　　飲(の)む → 飲(の)ませる(사역) → 飲(の)ませられる(사역수동)

　　　　　　歌(うた)う → 歌(うた)わせる(사역) → 歌(うた)わせられる(사역수동)

2그룹 동사 : 見(み)る → 見(み)させる(사역) → 見(み)させられる(사역수동)

　　　　　　食(た)べる → 食(た)べさせる(사역) → 食(た)べさせられる(사역수동)

3그룹 동사 : する → させる(사역) → させられる(사역수동)

　　　　　　来(く)る → 来(こ)させる(사역) → 来(こ)させられる(사역수동)

先生(せんせい)は私(わたし)にクラスみんなの宿題(しゅくだい)を集(あつ)めさせた。

주의 「～す」로 끝나지 않는 1그룹 동사는 축약형을 사용하는 경우가 많다. (待(ま)たせられる → 待(ま)たされる)

존경어

104 **あがる** 드시다, 잡수시다

설명 「食(た)べる(먹다)・飲(の)む(마시다)・吸(す)う(피우다)」의 존경어

ケーキを作(つく)ったので、どうぞめしあがってください。

105 いらっしゃる 가시다, 오시다, 계시다

> 설명 「行(い)く(가다)・来(く)る(오다)・いる(있다)」의 존경어

山田先生はここにはいらっしゃらないようだ。

① ～ていらっしゃる ～하고 계시다

> 접속 동사 て형

> 설명 「～ている(～하고 있다)」의 존경어

何について研究していらっしゃるのですか？

② ～でいらっしゃる ～이시다

> 접속 な형용사 어간 ‖ 명사

> 설명 「～である(～이다)」의 존경어

その方は今年で80歳だが、とても元気でいらっしゃる。

③ ～くていらっしゃる ～하시다

> 접속 い형용사 어간

先生は最近とても忙しくていらっしゃる。

106 おいでになる / ～ておいでになる

① おいでになる 가시다, 오시다, 계시다, 나가시다

> 설명 「行(い)く(가다)・来(く)る(오다)・いる(있다)・出(で)る(나가다)」의 존경어

もうすぐこちらにおいでになると思います。

② ～ておいでになる ～하고 계시다

> 접속 동사 て형

先生は図書館で本を読んでおいでになる。

107 おいでくださる / おいでください 와 주시다 / 와 주세요

11時に始まりますので、10分前まにはおいでください。

108 **お(ご)～だ / お(ご)～です** ～하시다 / ～하십니다

접속 お + 동사 ます형 + だ(です) ‖ ご + 한어(漢語) + だ(です)

お嬢さん、傘をお忘れですよ。

109 **お(ご)～になれる** ～하실 수 있다

접속 お + 동사 ます형 + になれる ‖ ご +한어(漢語) + になれる

설명 「お(ご)～になる」의 가능 표현이다.

図書館はどなたでもご利用になれます。

110 **ごらんになる / ごらんくださる / ごらんください** 보시다 / 봐 주시다 / 봐 주세요

설명 「ご覧(らん)(보심)」은 「見(み)る(보다)」의 존경어다.

左手に見える建物をごらんください。

111 **なさる / ～なさる / お(ご)～なさる**

① **なさる** 하시다

설명 「する(하다)」의 존경어

顔色がよくないようですが、どうなさいましたか？

② **～なさる** ～하시다

접속 명사 + なさる

明日の会議に出席なさいますか？

③ **お(ご)～なさる** ～하시다

접속 お + 동사 ます형 + なさる ‖ ご + 한어(漢語) + なさる

一年前にご結婚なさった。

112 **みえる** 오시다

설명 「来(く)る(오다)」의 존경어

お客様は午後におみえになります。

확인문제 11

問題 1 つぎの文の（　　　）に入れるのに最もよいものを、1・2・3・4から
一つえらびなさい。

1 部長のお子さんが今年の春、小学校に入学（　　　）。

1 あがる　　　　　2 なさる　　　　　3 いたす　　　　　4 なれる

2 こちらではアメリカドルと日本円が（　　　）なれます。

1 お使いが　　　　2 お使いで　　　　3 お使いに　　　　4 お使い

3 先生は用事があるので少し遅れて（　　　）なるそうです。

1 お来られに　　　　　　　　　2 おいでに

3 お参りに　　　　　　　　　　4 いらっしゃりに

4 学校に遅刻したので私はろうかに（　　　）。

1 立たせられた　　2 立たせた　　　　3 立ちされた　　　4 立たさせた

5 もしもし、どなた様で（　　　）ますか？

1 いらっしゃい　　2 なさい　　　　　3 ござい　　　　　4 なられ

6 先生は生徒たちに夏休みの間、毎日絵日記を（　　　）。

1 描くさせた　　　2 描くせた　　　　3 描かせた　　　　4 描いた

7 本を借りるには学生カードが必要^{ひつよう}ですが、（　　　）ですか？

  1 持ちなさり　　　　2 持ちおられ　　　　3 ご持ち　　　　4 お持ち

8 どうぞ、温かいうちに（　　　）ください。

  1 いただいて　　　　2 めしあがって　　　3 お食事　　　　4 おあがって

9 お忙^{いそが}しいところ、おいで（　　　）ありがとうございます。

  1 もらって　　　　2 いただき　　　　3 なさって　　　　4 くださり

10 先生、「南極^{なんきょく}」という映画をもう（　　　）なりましたか？

  1 おみえに　　　　2 ごらんに　　　　3 お目に　　　　4 拝見^{はいけん}に

11 お母さん、お客様^{きゃくさま}が（　　　）なりました。

  1 お電話に　　　　2 お目に　　　　3 あがりに　　　　4 おみえに

1　____ ____ __★__ ____ この紙に書いてください。

　　1 ごらんになって　　2 感じた　　　　　3 映画を　　　　　4 ことを

2　山本さん、____ __★__ ____ ____ 職員室^{しょくいんしつ}に行ってください。

　　1 ですので　　　　　2 今すぐ　　　　3 先生が　　　　4 お呼^よび

3　A「もしもし、たかし君をお願いします。」

　　B「たかしは今、家にいないんだけど、____ __★__ ____ ____？」

　　1 電話させ　　　　　2 きたら　　　　3 ましょうか　　4 帰って

4　1ヶ月間は ____ ____ __★__ ____ ます。

　　1 お試^{ため}し　　　　　2 なれ　　　　　3 に　　　　　　4 無料で

5　今日のパーティーに来られた方^{かた}の中には、____ ____ __★__ ____ 方^{かた}もいらっしゃる。

　　1 おいで　　　　　2 外国　　　　　3 くださった　　4 から

問題3 つぎの文章を読んで、 [1] から [5] の中に入る最もよいものを、
1・2・3・4から一つえらびなさい。

高校のときの先生が東京から大阪に [1] というので、5年ぶりにお会いした。この先生は私にとって特別なひとだ。なぜなら、大学には入っても将来のことについて何も考えたことがなかった私に科学者になるという夢を [2] くださったからだ。先生は10時ごろに [3] 。先生は今年で75歳だが、とても元気で [4] 。そして、今でも週に2回、大学で授業を [5] そうだ。大学時代の写真を見ながら、先生と私は3時間も話をした。お昼ご飯を一緒に食べようと思っていたのだが、先生は他の約束があるので、お昼ご飯を [6] に帰られた。本当に先生は今も昔も忙しい方である。

1

1 おまいりになる 　　　　　　　2 おいでください
3 おいでになる 　　　　　　　　4 おあがりになる

2

1 持たせて 　　　　2 持つさせて 　　　3 持たさせて 　　　4 持つように

3

1 ごらんになった 　　　　　　　2 おあがりになった
3 お目になった 　　　　　　　　4 おみえになった

4

1 いらっしゃった 　　2 ごらっしゃった 　　3 おらっしゃった 　　4 なさった

5

1 させられている 　　　　　　　2 なさっている
3 いらっしゃっている 　　　　　4 ごらんになっている

6

1 めしあがらず 　　2 めっしあがって 　　3 お食べられず 　　4 お食べして

81

113 **あがる** 가다, 찾아뵙다

> 설명 「行(い)く(가다)・訪(たず)ねる(방문하다)」의 겸양어

7時(じ)ごろにお迎(むか)えにあがります。

114 **いたす / 〜いたす / お(ご)〜いたす**

① **いたす** 하다

> 설명 「する(하다)」의 겸양어

その仕事(しごと)は私(わたし)がいたします。

② **〜いたす** 〜하다

> 접속 명사 + いたす

確認(かくにん)いたしますので、お待(ま)ちください。

② **お(ご)〜いたす** 〜하다

> 접속 お + 동사 ます형 + いたす ‖ ご + 한어(漢語) + いたす

わからないことがございましたら、ご説明(せつめい)いたします。

115 **いただく / 〜ていただく / 〜(さ)せていただく**

① **いただく** 받다, 먹다, 마시다

> 설명 「もらう(받다)・食(た)べる(먹다)・飲(の)む(마시다)」의 겸양어

先生(せんせい)からケーキをいただいたので、一緒(いっしょ)に食(た)べよう。

② **〜ていただく** 〜해 받다

> 접속 동사 て형
> 설명 '고마운 일을 남에게 받는다'는 의미다.

もう一度(いちど)説明(せつめい)していただけませんか？

③ **～(さ)せていただく** ～하겠다, ～하도록 허락받다

> **접속** 동사 사역형

> **설명** 자신이 무언가를 하도록 상대에게 허락받을 때 사용하는 표현이다.

少_{すこ}し考_{かんが}えさせていただけますか？

---

116 **お(ご)～いただく** ～받다

> **접속** お + 동사 ます형 + いただく ‖ ご + 한어(漢語) + いただく

> **설명** 「お招(まね)きいただく」「ご説明(せつめい)いただく」「おいでいただく」「ごらんいただく」 등과 같이 사용된다.

先_{さき}ほどご紹介_{しょうかい}いただきました山田_{やまだ}です。

---

117 **お(ご)～願_{ねが}う** ～해 주시기를 바라다

> **접속** お + 동사 ます형 + 願う ‖ ご + 한어(漢語) + 願う

> **설명** 「お調(しら)べ願う」「ご検討(けんとう)願う」「おいで願う」「ごらん願う」 등과 같이 사용된다.

都合_{つごう}の悪_{わる}い方_{かた}はご連絡_{れんらく}願_{ねが}います。

---

118 **お(ご)～できる** ～할 수 있다

> **접속** お + 동사 ます형 + できる ‖ ご + 한어(漢語) + できる

> **설명** 「お(ご)～する」의 가능 표현이다.

明日_{あした}にはご用意_{ようい}できます。

---

119 **お目_めにかかる** 만나뵙다

> **설명** 「会(あ)う(만나다)」의 겸양어로, 「お会(あ)いする」와 동의어다.

ご両親_{りょうしん}にお目_めにかかれてうれしく思_{おも}います。

---

120 **お目_めにかける** 보여드리다

> **설명** 「見(み)せる(보이다)」의 겸양어로, 「お見(み)せする」와 동의어다.

今日_{きょう}はみなさんにめずらしいものをお目_めにかけましょう。

おる / ～ておる

① **おる** (사람이) 존재하다, 있다

> 설명 「いる」보다 공손한 표현이다.

今日は一日中家におりますので、いつでもご連絡ください。

② **～ておる** ～하고 있다

> 접속 동사 て형

> 설명 「～ております (～하고 있습니다)」의 꼴로 주로 사용되며, 「～ています」보다 공손한 표현이다.

それでは、お待ちしております。

122 **ご覧に入れる** 보여 드리다

> 설명 「見(み)せる(보여주다)」의 겸양어

これからご覧に入れる携帯電話は、来年売り出す予定です。

123 **存じる / 存ずる / 存じ上げる**

① **存じる / 存ずる**

> ① 알다 : 「知(し)る」「承知(しょうち)する」의 겸양어
>
> ② 생각하다, 여기다 : 「思(おも)う」「考(かんが)える」의 겸양어

お忙しくお過ごしのことと存じます。

② **存じ上げる** '알다', '생각하다'의 겸양어

そのような方は存じ上げません。

124 **うけたまわる** 삼가 듣다, 삼가 받다

予約は電話でのみうけたまわっております。

125 **まいる / ～てまいる**

① **まいる** 가다, 오다 (「行(い)く・来(く)る」의 겸양어)

私が駅まで一緒にまいります。

② **～てまいる** ～해 가다, ～해 오다 (「～て行(い)く・～て来(く)る」의 겸양어)

雨が降ってまいりました。

126 申す / 申しあげる / お(ご)〜申し上げる

① 申す 말씀드리다

(설명) 「言(い)う(말하다)・告(つ)げる(고하다)」의 겸양어

　　2時に予約している佐藤と申します。

② 申し上げる 말씀드리다, 아뢰다, 여쭙다

(설명) 「言(い)う(말하다)」의 겸양어

　　みなさまにお礼を申し上げます。

③ お(ご)〜申し上げる 〜하여 드리다

(접속) お + 동사 ます형 + 申し上げる ∥ ご + 한어(漢語) + 申し上げる

(설명) 동작의 대상에 대한 경의를 나타내는 표현이다.

　　私が質問にお答え申し上げます。

127 ございます / 〜でございます

① ございます 있습니다

　　① 존재 : レストランは2階にございます。

　　② 소유 : 私には妹が一人ございます。

② 〜でございます 〜입니다

(접속) 명사

(설명) 「〜です」보다 공손한 표현이다.

　　この店の商品は全て日本製でございます。

問題1 つぎの文の（　　　）に入れるのに最もよいものを、1・2・3・4から一つえらびなさい。

1 トイレは店の外に（　　　）。

1 存じます　　　　2 まいります　　　3 おります　　　　4 ございます

2 先日、借りた本を先生のお宅（たく）まで返しに（　　　）。

1 いれる　　　　　2 いたす　　　　　3 みえる　　　　　4 あがる

3 ありがとうございます。予約は（　　　）おります。

1 お目にかかって　2 うけたまわって　3 申して　　　　　4 おっしゃって

4 ご質問、お申（もう）し込（こ）みは24時間受（う）け付（つ）けて（　　　）。

1 おります　　　　2 あります　　　　3 たまわります　　4 いたします

5 今度会う時には成長（せいちょう）した姿（すがた）をお目に（　　　）ことができるようにがんばります。

1 見える　　　　　2 かける　　　　　3 いれる　　　　　4 かかる

6 今日は新聞紙を使った簡単（かんたん）な手品（てじな）を（　　　）に入れましょう。

1 ごらん　　　　　2 お見せ　　　　　3 お目　　　　　　4 ここ

7 私にできることでしたら、喜んでお手伝い（　　　）。

1 申します　　　　2 いたします　　　3 いただきます　　4 なさいます

8 この商品はセール商品のため、ご返品を（　　　）ことはできません。

1 くださる　　　　2 される　　　　3 いただく　　　4 うけたまわる

9 すぐにもどって（　　　）ますので、少しお待ちください。

1 ください　　　　2 まいり　　　　3 ござい　　　　4 おり

10 毎週水曜日は、休ませて（　　　）たいのですが。

1 まいり　　　　2 くださり　　　　3 いたし　　　　4 いただき

11 斉藤先生のことは、入学前から（　　　）おりました。

1 ご存知で　　　　　　　　2 存じ上げて

3 知り申して　　　　　　　4 お知りいたして

12 テストの内容についての質問には（　　　）。

1 お答えします　　　　　　2 お答えできません

3 ご答えできません　　　　4 ご答えします

13 明日、久しぶりにお目に（　　　）のを楽しみにしています。

1 あがる　　　　2 いれる　　　　3 かかる　　　　4 いたす

14 生徒を代表して、私がごあいさつ（　　　）ます。

1 申し上げ　　　　2 いただき　　　　3 ござい　　　　4 なさい

15 担当者を呼んでまいりますので、こちらでお待ち（　　　）ますか？

1 でき　　　　2 いたし　　　　3 いただけ　　　　4 もらえ

問題2 つぎの文の ＿★＿ に入る最もよいものを、1・2・3・4から一つえらびなさい。

1 親を失っても一生懸命に生きる子どもの話を ＿＿＿ ＿＿＿ ＿★＿ ＿＿＿。

1 いたし　　　　2 ました　　　　3 聞いて　　　　4 感動

2 ＿＿＿ ＿＿＿ ＿★＿ ＿＿＿ 楽しみにしております。

1 日を　　　　2 また　　　　3 お目に　　　　4 かかる

3 私が ＿＿＿ ＿★＿ ＿＿＿ ＿＿＿ お会いしましょう。

1 間に　　　　2 一度　　　　3 いる　　　　4 日本に

4 どうぞ、これからも ＿＿＿ ＿＿＿ ★ ＿＿＿ 。

　　1 よろしく　　　　2 あげます　　　　3 お願い　　　　4 申し

5 画家^{がか}である先生の ＿＿＿ ＿＿＿ ★ ＿＿＿ ではありません。

　　1 ほどの　　　　2 かける　　　　3 絵　　　　4 お目に

6 A 「今回の社員旅行は沖縄^{おきなわ}か北海道^{ほっかいどう}、どちらがよいかな？」

　　B 「前回の社員旅行で沖縄に行きましたので ＿＿＿ ＿＿＿ ★ ＿＿＿ 。」

　　1 存じます　　　　2 今回は　　　　3 北海道が　　　　4 よいと

7 それでは、わたしがアフリカで ＿＿＿ ＿＿＿ ＿＿＿ ★ 入れましょう。

　　1 いくつか　　　　2 ごらんに　　　　3 写真を　　　　4 とってきた

　私の仕事は旅館の仲居です。仲居とは旅館に来られたお客様のお世話をするひ
とのことです。仲居の仕事はとても忙しく、楽な仕事ではありません。お客様が
いらっしゃると、お部屋まであいさつに 1 。その後、食事やふとんの用意や
掃除、洗濯など、することはいっぱいあります。しなければいけない仕事はたく
さんありますが、お客様の注文はできるだけ 2 ようにしなければなりませ
ん。そのほかにも、自分がお客さんのために何か 3 ことがないか考えること
も必要です。失敗の多い私は、お客様や先輩からしかられて、仲居をやめたいと
考えた時もあります。しかし、お客様からお礼のお手紙を 4 、 5 いた
だく度に仲居をしていてよかったと思います。まだまだ経験のない仲居で 6
が、これからも立派な仲居になれるように努力して 7 と思います。

1

1　いたします　　　　　　　　2　あがります

3　かかります　　　　　　　　4　もうします

2

1　うけいれる　　　　　　　　2　うけながす

3　うけとる　　　　　　　　　4　うけたまわる

3

1　お手伝いされる　　　　　　2　お手伝いなさる

3　お手伝いできる　　　　　　4　お手伝いしてもらう

4

1 差し上げたり　　　　　2 いただいたり

3 書きいただいたり　　　4 ごらんになったり

5

1 おほめ　　　　　　　　2 おしかり

3 感謝　　　　　　　　　4 関心

6

1 ございます　　　　　　2 なります

3 存じます　　　　　　　4 おります

7

1 まいるまい　　　　　　2 まいりました

3 まいるだろう　　　　　4 まいりたい

독해

독해 만점을 위한 워밍업

1. 접속사

논리 전개나 필자의 주장 또는 원인·이유를 묻는 문장은 접속사의 사용에 주의해야 한다.
접속사의 종류는 다양하나 독해 문제 풀이를 위해 필요한 부분만을 정리하자.

1. 원인·이유

01 **なぜなら** 왜냐하면

眠い。なぜなら今日は朝の5時に起きたからだ。

02 **～というのは** 왜냐하면

今日は外に出ないほうがいいよ。というのは、台風が来ているから。

03 **だって～もの(もん)** 왜냐하면 ~(인)걸

食べられないよ、だってこのカレー辛いんだもの。

04 **そのため** 그 때문에

明日は試験だ。そのため、今日は夜遅くまで勉強をしなくてはいけない。

05 **～のに** ~인데

昨日は使っていいって言ったのに。

2. 역접 ① 전면 부정

01 しかし 그러나

テストのために昨日は頑張って夜遅くまで勉強した。しかし、テストには勉強していないところが出た。

02 けれども 하지만

歌うのは嫌いだけれども、音楽は好きだ。

03 だが 하지만

友達みんなで映画に行くことになった。
だが、私だけ仕事が入って行けなくなった。

04 でも 하지만

最近はずっと雨だ。でも明日は晴れるらしい。

3. 역접 ② 일부 부정

01 ～なのに ~인데, 그런데도

朝8時出発の電車に乗らないといけない。なのに9時に起きてしまった。

02 ～にも関わらず ~인데도 불구하고, 그럼에도 불구하고

昨日あれだけ先生が怒ったのにも関わらず、何でまた遅刻するの！

03 それにしても 그렇다고 해도

山田さん、それにしても君はよく食べるよね。

04 それでも 그래도

次の試合相手はこのチームよりもっと強い。それでも僕たちは勝つために一生懸命練習する。

01 それに 게다가

この店の料理はうまい、それに店員さんも親切だ。

02 それから 그리고, 그러고 나서

夏休みは海に遊びに行って、それから山にも行ったよ。

03 そればかりか 그뿐만 아니라

うちの犬はすしを食べる。そればかりかビールまで飲む。

04 また 또, 또한

同じ問題をまた間違えた。
彼女は歌が上手だ。また勉強もできる。

05 および 및, 과, 와

マッチおよびライターなど火の出るものは持って入れません。

5. 보충설명

01 ただし 단, 다만

ここからのバスは1日に5台しか来ません。ただし、日曜日だけは10台来ます。

02 もっとも 그렇다고는 하지만, 다만

遊びに行ってもいいよ。もっとも、宿題が終わってからの話だけどね。

03 なお 또한, 덧붙여(말하면)

カレーは作ってから2、3日置くとなお美味しくなります。

04 ちなみに 덧붙여 말하면

あなたにはお兄さんがいるのね。ちなみに私には妹がいるわ。

05 ただ 단

美味しいラーメン屋を見つけたんだ。ただ、その店、いつ開いているのかが分からないんだ。

확인 문제

問題1 次の文章を読んで、 １ から ５ の中に入る最もよいものを、１・２・
３・４から一つえらびなさい。

明日は運動会だという １ 先週から降っている雨はまだ止みません。小学１
年生の息子は窓から止まない外の雨を見て悲しそうに溜息(※1)をついています。息
子は明日の運動会をとても楽しみにしていました。小学生になって初めての運動
会というのが大きな理由の一つです ２ それとは別に楽しみにする理由があり
ました。

息子は先月の学校の遠足(※2)に行くことができなかったのです。 ３ 、遠足の
前の日の夜、息子は高い熱を出し朝になってもその熱は下がることはなく、結局
遠足を休むことになったのです。 ４ 、明日の運動会への思いは他の子ども達
以上に大きかったものだと思います。 ５ 、この雨です。息子のつく小さな溜
息は私の心に少しずつ積もり重さを増していきます。

私は息子に話しかけました。「てるてる坊主(※3)を作ろうか。」息子は小さくうな
ずく(※4)と、私のとなりに座って真剣な顔でてるてる坊主を作り始めました。１つ
２つ３つ４つ… 小さなもの、大きなもの、沢山のてるてる坊主を付けられるだけ
窓のカーテンレール(※5)に付けました。

夜になって息子が寝てしまった後、雨はやっと止みました。星も出ています。
明日は楽しい運動会になりそうです。

「てるてる坊主」木下真理子

（※１）溜息：残念な時などに口から出す息のこと

（※２）遠足：遠くの公園などに行き弁当を食べたり、遊んだりすること

（※３）てるてる坊主：雨が止むように願い作る人形のこと

（※４）うなずく：分かった時などに顔を下に動かす動き

（※５）カーテンレール：カーテンを付けるためのもの

→문법

→독해

1

    1 でも   2 また   3 のに   4 もし

2

    1 なぜなら   2 けれども   3 それにしても   4 なのに

3

    1 というのは   2 そのため   3 しかし   4 もっとも

4

    1 そればかりか   2 けれども   3 ただし   4 そのため

5

    1 だから   2 なのに   3 および   4 ただ

問題2 次の文章を読んで、 1 から 5 の中に入る最もよいものを、1・2・3・4から一つえらびなさい。

　久しぶりに訪れた(※1)祖母の家はあの頃と変わりなくそこにあった。子どもの頃は夏休みによくこの家に来て真っ黒(※2)になって東京の家に帰ったものだ。この家のある町が便利な町か不便な町かと聞かれたら、もちろんここは不便な町である。コンビニ、カラオケ、大型ショッピングモール、東京では家を出ればすぐそこにあるものがここには一つもない、 1 駅まで車で30分以上かかる。 2 バスは1日に5本しか出ない。

　中学に入ってからは、それまでのようにこの町に行かなくなった。小学生までは、あんなに楽しみだった虫取りも、川遊びも、何だか急に楽しみではなくなった。そこに行っても何もない、そう思うようになった。夏休みになると、2つ下の弟と4つ下の妹は喜んでその町に遊びに出かけたが、僕は何か理由を付けては東京の家に残り、友達とゲームをしたり、漫画を読んだりして遊んだ。それはそれで楽しかった。 3 、夏休みが終っても僕の肌は黒くならなかった。

　最後にこの町を訪れたのは高校2年の2月、祖母が亡くなった2日後である。あの時は雪が降っていて、そのせいか、そこにある全て(※3)が白くぼやけて(※4)見えた。最後に見た祖母は小さく、他と同じく白くぼやけていて、そこにもう祖母が生きていないことがはっきりと分かった。

　家の中は久しぶりにそろった親戚(※5)でいっぱいだった。母親達はご飯の準備をし、父親達は酒を飲み、昔の話に花を咲かせていた。皆それぞれに忙しそうだった。とくにやることのない僕は、ひまつぶしに外に出た。降っていた雪は止み太陽が顔を出していた。冷たい空気を吸い入れると頭の中まで入ってきた。外は雪にも 4 なんだか暖かく、全てがはっきりと見えた。どこを見ても白の世界、本当に何もない。そう思った。 5 、そう思いながらも何もないその景色を時間を忘れて何時間も眺めて(※6)しまった。

「ただ何もない世界から」木下真理子

（※1）訪れる：ある場所へ行くこと

（※2）真っ黒：とても黒いこと

（※3）全て：全部

（※4）ぼやける：はっきりしていないこと

（※5）親戚：血または結婚などにより関係が繋がっている人たちのこと

（※6）眺める：遠くを見たり、注意して見ること

→ 운법

→ 독해

1

1 そればかりか　　2 というのは　　3 それにしても　4 しかし

2

1 だが　　　　　　2 なぜなら　　　　3 けれども　　　4 ちなみに

3

1 それでも　　　　2 もし　　　　　　3 ただ　　　　　4 なら

4

1 というのは　　　2 なお　　　　　　3 ただし　　　　4 関わらず

5

1 だって　　　　　2 だが　　　　　　3 それに　　　　4 そのため

問題3 次の文章を読んで、 1 から 5 の中に入る最もよいものを、1・2・3・4から一つえらびなさい。

「無くて七癖」という言葉があります。この言葉の意味は、癖が無いように見える人にも七つぐらいは癖があるという意味で、つまりどんな人にも癖はあるということです。

癖とは、説明すると、物に付いて戻ることのない曲がりや折り目、人が意識しないでしてしまう決まった行動（※1）などですが、後の癖についてはその癖を行っている本人はあまりその癖を意識していないことが多いと思います。例えばご飯を食べる時にクチャクチャと音を出して食べたり、 1 、ズルズルと音を立てて飲んだり、周りで聞いている人は気になってしかたがないのに、当の本人は全然気にしていない。いや、分かっていないのです。分かっていないのですから、注意したとしてもなかなか直すことは難しいと思います。 2 、小さい時なら直すこともできるでしょうが。

このような生活の上での癖ならまだ良いです。 3 、これがプロの野球の選手（※2）ともなれば、問題は大きくなります。残念なことに、練習をすればするほど癖はついていきます。ピッチャーであればやがて何を投げるか、相手チームに分かってしまうかもしれません。何を投げるか分かられてしまうと、打たれることが多くなってしまいます。 4 打たれない球を投げることができるのであれば話は別ですが、多くの場合一生懸命癖を直すか、投げ方を変えると思います。

このように癖と聞くとあまり良いイメージが浮かんできません。 5 、好きな人の癖はどうでしょうか。他の人がやっていて嫌だと感じている癖も、好きな人がやっているとあまり嫌ではない。反対に可愛いとか、かっこいいとか思う時もありませんか。人の癖を見てどう感じるか、それは自分がその人をどう思っているかということではないかと私は思います。

「癖からみる」木下真理子

（※1）行動：何かをすること

（※2）選手：スポーツを仕事とする人

1

    1 それにしても   2 それから   3 そのため   4 それでも

2

    1 もっとも   2 それに   3 のに   4 および

3

    1 それに   2 それでも   3 だって   4 しかし

4

    1 しかし   2 なお   3 それでも   4 それから

5

    1 でも   2 それに   3 ただ   4 なのに

2. 원인·이유

「なぜ」「どうして」즉, '왜?' 라고 하는 문제에서 정답을 찾을 때 필요한 것은 문제에서 주어진 질문이다. 그 질문이 지문의 어디에 있는지를 찾아서 그 부분의 내용을 정독해야 한다. 즉, 질문의 키워드를 찾는 것이 중요하다.

정답으로 사용되는 표현에는 가장 기본적인 것이 「～からだ。～からである。～のだ。～のである。～ためだ。～ためである。」 등이다.

確認問題

問題1 次の文章を読んで、後の問いに対する答えとして、最もよいものを1・2・3・4から一つえらびなさい。

　夏から秋にかけて台風は発生します。日本はその通り道かというほど台風が通過(※1)する国です。日本では、気象庁が台風が発生した順に番号を付けます。天気予報では「台風1号」などというように番号で紹介されています。また、台風通過後には、特に被害が多かった台風については台風の上陸した場所の名前が付けられることもあります。

　2000年には台風の国際的な呼び名としてアジア名が使用されることとなりました。これはアメリカとアジアの各国で作られた台風委員会により決められ、日本以外では多く使用されています。しかし、日本では、番号の使用が一般的(※2)なため、番号のみを使用する報道機関(※3)がほとんどであります。

（※1）通過：通り過ぎること

（※2）一般的：広く、認められ知られていること

（※3）報道機関：テレビのニュースやラジオ、新聞などのこと

문법

독해

1 日本の天気予報で台風が番号で紹介される理由としてあてはまるものはどれか。

1 日本では台風が多く発生するために、アジア名を付ける時間がないから

2 日本は台風委員会に入っていないから

3 日本では気象庁が付けた番号を使用するのが一般的だから

4 日本では被害が大きい時に上陸した場所の名前を付けることがあるから

問題2 次の文章を読んで、後の問いに対する答えとして、最もよいものを1・2・3・4から一つえらびなさい。

　多くの子どもは生まれて少したつと、ニコニコと笑うようになります。しかし、これは本当に笑っているのではありません。ただ、単に顔の筋肉が動いているだけなのです。人間は沢山の動物の中でも長い時間親に守られて育つ必要があります。このため、親が途中で育児を止めないよう、このような ①「笑うような」表情を自然とするように生まれた時から組み込まれて(※1)いているものと考えられます。

　赤ちゃんに触った者は、その笑った顔を見て、可愛くなり赤ちゃんへの感心が増します。そして声をかけたり、頻繁(※2)に接触(※3)するようになり、この外からの刺激が赤ちゃんの発育(※4)の助けとなります。

（※1）組み込む：全体の一部としてあるものをその中に入れること
（※2）頻繁：よく行われること
（※3）接触：他の人と会うこと、また触ること
（※4）発育：大きく育つこと

1 ①「笑うような」表情を自然とするように生まれた時から組み込まれていているものと考えられますとあるが、それはなぜか。

　1 親が育てることを止めてしまうと育つことができないから

　2 親に感心を持たなければ育つことができないから

　3 親が他の動物を育ててしまうかもしれないから

　4 親にも笑っていてほしいから

問題3　次の文章を読んで、後の問いに対する答えとして、最もよいものを１・２・
　　　　３・４から一つえらびなさい。

「また明日ね。」

　カナがそういうと、さっちゃんはとても寂しそうな顔をしました。①カナにはその理由が分かりません。でも、考えてみると最近さっちゃんのようすが少し変です。学校で遊んでいる時も、給食で大好きなカレーが出てきた時も、今のように少し寂しそうな顔をするのです。カナは思い切って聞いてみることにしました。

「ねぇ、さっちゃん。なんでそんな寂しい顔するの。また明日ね、なんていつも言ってる言葉でしょ。」

「そうだね。」

　そういうとさっちゃんは困った顔で笑いました。

　それから４日後の朝のこと、学校のはじまりのチャイムが鳴ってもさっちゃんは来ませんでした。風邪をひいて休みなのか、それとも寝坊をして遅れているのか、カナがそんな事を考えていると先生が教室に入ってきました。

「みなさん、おはようございます。今日は授業の前にみなさんに残念なお知らせがあります。実はこのクラスの山田さつきちゃんが、昨日東京に引っ越しました。」

　先生の話を聞いてカナはさっちゃんの寂しそうな顔の意味が分かりました。

「さっちゃん」木下真理子

1　①カナにはその理由が分かりませんとあるが、それはなぜか。

　　１　カナはさっちゃんがあまり好きではないから

　　２　さっちゃんが引っ越しをすることを知っていたから

　　３　寂しくない時にさっちゃんが寂しい顔をするから

　　４　さっちゃんが寂しそうにすることを、なんでなのかと考えなかったから

필자의 주장이나 의도를 파악하는 문제에서 정답이 있는 곳은 크게 문장의 흐름으로 보아 순접표현과 역접표현 뒤가 많다.

1. 앞 문장에서 조건과 예를 들고, 순접표현(원인·이유)을 가져오고, 그 뒤에 필자의 주장을 하는 흐름이다.

2. 앞 문장에서는 타인의 의견이나 일반적인 사항, 그리고 일부 주장을 인정하는 문장이 나오고, 그 다음에 역접표현과 함께 필자의 주장이 나온다.

필자의 주장은 다음과 같은 표현을 동반하고 있으니 주의 깊게 살펴보자.

필자가 주장하는 내용과 같이 쓰이는 표현!!

01 ～べきだ。 ～해야 한다.
小学生の間は外に出て元気に遊ぶべきだ。

02 ～はずだ。 ～할 것이다.
日本に 10 年もいれば、日本語が上手になるはずだ。

03 ～なければならない。 ～하지 않으면 안 된다.
明日、出張で東京に行かなければならない。

04 ～ねばならぬ。 ～하지 않으면 안 된다.
大学に合格したければ、強い意志を持たねばならぬ。

05 ～と思う。 ～라고 생각한다.
結果はまだ出ていないが、今回のテストはよくできたと思う。

06 **〜と考えている。** ~라고 생각하고 있다.

今週中には夏休みの宿題を終わらせよう**と考えている**。

07 **〜ではないだろうか。** ~(하)지 않겠는가.

まだ来ないなんて、彼女は道に迷っているの**ではないだろうか**。

08 **〜ではないか。** ~(하)지 않는가.

1ヶ月も連絡をしないなんて、心配する**ではないか**。

09 **〜だろう。** ~일 것이다.

友達はどうして怒っているの**だろう**か。

10 **〜でしょう。** ~일 것이다.

明日の朝には雨は止む**でしょう**。

11 **〜わけだ。** ~하는 것이다. ~하는 것이 당연하다.

今日は日曜日だからデパートに人が多い**わけだ**。

12 **〜たいものだ。** ~하고 싶다.

一生に一度はアフリカに行ってみ**たいものだ**。

13 **〜ほしいものだ。** ~하고 싶다.

自分の子供には健康に育って**ほしいものだ**。

問題1 次の文章を読んで、後の問いに対する答えとして、最もよいものを1・2・3・4から一つえらびなさい。

　最近やる気が出ないと思う人は、これを機にぜひ「ブログ」を始めてみるといいでしょう。ブログにはとてもよい心理効果(※1)があります。心理療法(※2)の中の1つである「日記療法」と言われるものと良く似ていますが、これは、毎日の出来事やその日に感じたこと、考えたことを日記に記録することによって自分の1日を反省すると言うものです。ブログは自分の好きなことを自由に書くことができるので気軽にできる「日記療法」であると言えます。また、1日の中で感じた「嫌な場面」とそのときに感じた「嫌な気持ち」を書き出し、冷静に考えることで自分の考え方を見直すことができます。そして、ブログを始めると常に「明日の目標」ができることもよい点の1つでしょう。次のブログをどう書くか、何について書こうかなどとネタを探すことで積極的に面白いものを探そうと努力をする、これが生きるきっかけへとつながります。

（※1）心理効果：心の働きに良い結果があること
（※2）療法：病気のなおし方

1　筆者の意見と合っているものはどれか。

　1　ブログは毎日の内容を書くもので心理的な効果は期待できない。

　2　ブログはネタを探すために積極的に書こうとするので生きるきっかけになる。

　3　ブログは1日の嫌な気持ちだけを書き出し、自分の考え方をもう一度見直すことができる。

　4　ブログは心理的にもよい効果があり、自分の考え方を見直したりすることができる。

問題2 次の文章を読んで、後の問いに対する答えとして、最もよいものを1・2・3・4から一つえらびなさい。

花粉症(※1)の対策の一つとして注目されているのが鼻うがいです。鼻うがいとは鼻の中をきれいにすることで花粉症や鼻炎(※2)などの症状を和らげる(※3)効果があります。また風邪の予防にもなります。しかし、鼻うがいはやりすぎると鼻の中の粘膜(※4)を傷つけるので注意が必要です。鼻うがいに使う水はぬるま湯(※5)を使い、その中に少し塩を入れるのがポイントです。鼻水と同じぐらいのしょっぱさぐらいがちょうどいいです。そして、鼻うがいは喉のうがいとは違って下を向いてするのが正しいやり方です。上を向いて鼻うがいをすると鼻以外にも水が入る恐れがあるからです。下を向いたまま一方の鼻から水を入れ、もう一方の鼻から水を出します。

（※1）花粉症：アレルギーの一つ
（※2）鼻炎：鼻の中の炎症でくしゃみや鼻水などが出る
（※3）和らげる：おだやかにさせる
（※4）粘膜：体の中にある管などをおおう柔らかい湿った膜
（※5）ぬるま湯：なまあたたかい水

1 筆者の意見と合っていないものはどれか。

1 鼻うがいをすることで花粉症や鼻炎を予防する効果がある。

2 鼻うがいの水はぬるま湯で鼻水と同じくらいのしょっぱさがちょうどいい。

3 鼻うがいをすることで鼻の中をきれいにすることができる。

4 鼻うがいの方法は下を向いて鼻から水を入れ、鼻から水を出す。

問題3 次の文章を読んで、後の問いに対する答えとして、最もよいものを1・2・3・4から一つえらびなさい。

　犬のしっぽには、とても重要な役目（※1）があります。一つ目はコミュニケーションの役目です。家族が家に帰ってきた時、お気に入りの友達犬と会えた時、しっぽをブンブン振って嬉しさを表しています。しかし、怖い相手に出会った時にはしっぽも元気がなくなり下がってしまいます。しっぽにはその時の気持ちがよく表れています。犬達はしっぽを使って互いの気持ちを伝え合っているのです。二つ目は体のバランスをとるという役目です。走っている時など、しっぽで上手にバランスをとっています。最後はあまり知られていませんが、保温（※2）効果の役目があります。しっぽがない、または短い犬種はあてはまりませんが、しっぽが長くてふさふさの犬種では、冬の寒い時などしっぽで鼻の先をくるっと包むことによって、体温の低下を防ぐことができるのです。

（※1）役目：なしとげなければならない仕事
（※2）保温：あたたかさをたもつこと

1 筆者の意見と合っているものはどれか。

　1 走っているときだけしっぽでバランスをとっている。

　2 犬のしっぽには二つの重要な役目がある。

　3 犬たちはお互いの気持ちをしっぽで伝えている。

　4 しっぽが短くてふさふさした犬はしっぽで体温の低下を防いでいる。

본문의 내용을 파악하는 문제유형에서는 주로 필자의 주장을 찾는 문제가 출제되지만, 본문과 맞는 내용을 찾는 문제도 출제된다.

무엇을 묻는 문제든 단순히 본문과 일치하는 내용을 찾기보다는 질문의 내용을 파악한 후, 질문에 맞는 내용을 본문에서 빨리 찾아내는 것이 중요하다.

1. 먼저 질문의 요지를 파악한다.

2. 본문을 속독으로 읽어 전체 흐름을 파악한다.(문제에 따라서는 선택지를 먼저 읽어야 할 때도 있으니 상황에 맞게 대처하자.)

3. 선택지를 읽으면서 질문과 본문의 내용에 일치하는지, 틀렸으면 어디가 어떻게 본문과 다른지를 본문에 표시해 가며 읽어간다.

4. 정답을 찾는 것도 중요하지만, 왜 오답인지를 제대로 잘 파악하면 정답은 금방 눈에 들어오게 되어 있다.

5. 문제 푸는 요령이라면, 대부분의 이런 유형의 문제는 필자가 주장하는 것이 정답이 되는 경우가 많다. 중심문과 필자가 주장하는 부분을 눈여겨보면 정답으로 가는 길이 보일 것이다.

問題１　次の文章を読んで、後の問いに対する答えとして、最もよいものを１・２・
３・４から一つえらびなさい。

　人を思いやる(※1)気持ちがある人は、相手との間に信頼(※2)関係があります。そ
して、たくさんの人に好かれ、仕事から人生が豊かになり、公私共に充実するで
しょう。思いやりとは、「相手は何をしてほしいのか」、「何をしてあげれば、相手
は喜んでくれるのか」というところから生まれます。思いやりを持つことで相手も
あなたを尊敬し、あなたに好感(※3)を持つでしょう。それはまるで空に向かって投
げたブーメランが手元に戻ってくるかのように、思いやりの気持ちは必ず自分に
戻ってきます。それが「心と心のふれあい」と言えるのではないでしょうか。仕事
のできる人がビジネスマナーにこだわるのは、そういった思いやりの心こそがビ
ジネスの上で重要であることを知っているからなのです。

（※１）思いやる：相手の心を思ったり同情する
（※２）信頼：信じてたよりにすること
（※３）好感：よい感じ

１　本文の内容と合っているものはどれか。

　１　人を思いやる気持ちがある人は表情が豊かである。

　２　思いやりは相手に何をしてもらいたいかを考えることで生まれる。

　３　人を思いやる気持ちを持つと必ず自分に返ってくる。

　４　ビジネスマナーにこだわる人は思いやりの心がない人が多い。

問題2 次の文章を読んで、後の問いに対する答えとして、最もよいものを1・2・3・4から一つえらびなさい。

　9月1日は防災(※1)の日です。私は毎年この日に、「超節水洗髪」を実行しています。節水は災害とは直接関係ないように思われるかもしれませんが、災害があった時、避難所(※2)生活で水がどれだけ大切かという話をよく聞きます。食料や飲み水は先に届き、ある程度行き渡ったとしても、生活用の水は少し遅れるのが普通です。災害後の避難所生活を考えて、節水の練習をしています。「超節水洗髪」とは、どのくらいの節水かというと、洗面器4杯のお湯しか使いません。少ないお湯を上手に使うには、固形石けんを使うことと、最初のお湯でしっかりと洗うことです。「固形石けん？　シャンプーじゃなくて？」と驚くかもしれませんが、泡切れがいい(※3)ので、すすぎが楽です。それから、石けんで洗うと地肌の汚れがすっきり取れるので、次の洗髪まで頭が臭くなったり、かゆくなったりしないのがいいところです。

（※1）防災：台風や地震、火事などの災害をふせぐこと
（※2）避難所：災害に逃げる所
（※3）泡切れがいい：泡がすぐに落ちること

1　本文の内容と合っているものはどれか。

1　固形石けんを使うと泡切れがよくて地肌の汚れがすっきり取れる。

2　洗面器のお湯の中に頭を入れて洗うと少ないお湯でしっかり洗える。

3　防災の日だけでなく毎日「超節水洗髪」をするようにしている。

4　災害時、避難所には生活用の水よりも飲み水の方が少し遅れて届く。

問題3 次の文章を読んで、後の問いに対する答えとして、最もよいものを1・2・3・4から一つえらびなさい。

　最近、日本の手ぬぐい（※1）が人気です。昔ながらの和の模様が新鮮に見えるのかもしれませんが、若い人に人気だそうです。薄くて軽くてすぐ乾くので、私の家では台所の食器を拭く（※2）ために何枚か使っています。お風呂用にもまた何枚か使っています。外出時にはハンカチより広くて汗をよく吸うので、汗をよくかく夫用にも使っています。

　ところで、手ぬぐいは両端が「切りっぱなし（※3）」になっているのを知っていますか？ 洗濯すると端がほつれ（※4）、繊維が出てきてしまい、なんだかかっこ悪いと思っていました。ふつうのタオルは端が縫ってあるのに、なぜ手ぬぐいは縫ってないんだろう？ 手抜き？ などと考えていましたが、実は「切りっぱなし」は、乾きやすくするための工夫なんです。もともと手ぬぐいは薄手ですが、端が縫っていない分、厚みが少なくさらに乾きやすいというわけです。

（※1）手ぬぐい：手や顔やからだを拭くのに用いる布
（※2）拭く：よごれや水分などを取り去ってきれいにする
（※3）切りっぱなし：切ったままの状態で何のしょりもされていないこと
（※4）ほつれる：縫い目などがほどけたり、端がみだれること

1 本文の内容と合っているものはどれか。

1 手ぬぐいは昔ながらの和の模様が好まれて年寄りに人気だ。

2 手ぬぐいは端が縫ってあるので厚みが出るが、もともと薄いので気にならない。

3 手ぬぐいは食器を拭いたり、お風呂用に使っているが薄くて不便だ。

4 手ぬぐいは薄くて乾きやすくてさまざまなものに使える。

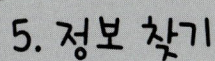

5. 정보 찾기

운법

독해

독해 문제에서 정보 찾기 유형은 도표에 의한 정보가 주어지고 문제가 따로 주어지는 타입이다.

1. 중요한 것은 질문이 무엇인지를 먼저 보고, 주어진 도표에서 필요한 부분을 찾아내는 것이다. 지문을 읽고 문제를 푸는 유형보다 시간적으로 여유가 있으므로, 너무 서두르다가 중요한 부분을 놓치는 일은 없어야 하겠다.

2. 주어진 도표에서 특정조건에 맞는 것을 골라 수를 세어야 하는 경우도 있고, 그 중 하나만을 골라야 하는 경우도 있다. 조건에 맞는 수를 세어야 할 경우는 모든 데이터를 비교해서 골라내야 하지만, 하나만을 골라야 하는 경우는 선택지 중에서 맞는 것으로 골라내면 되기 때문에 문제를 먼저 파악하는 것이 시간적으로 효율적이다.

3. 문제를 풀 때 선택지에서의 사소한 조사의 쓰임이라든가 부정표현으로 바뀌었는지를 꼼꼼히 비교해야만 실수를 줄일 수 있다.

問題1 次は、レストランのメニューである。下の質問に答えなさい。答えは、
1・2・3・4から最もよいものを一つえらびなさい。

> かおりさんは、友達と12時30分にレストランで会うことにしています。
> かおりさんは明太子パスタのサラダセット、友達はトマトパスタのランチセットを選びました。

1 かおりさんがサラダつきメニューを注文するとしたら、注文できるセットは
どれか。

1 （2）と（3）

2 （2）と（4）

3 （1）と（2）と（3）

4 （2）と（3）と（4）

2 お金はかおりさんがまとめて払うことにした。かおりさんはいくら払うか。

1 2600円

2 2400円

3 1600円

4 1200円

$\mathcal{M}$enu

セットメニュー

（1）ブランチセット
サンドイッチ、スープ、コーヒーまたは紅茶
＊OPEN～12:00

パスタ単品
○ トマトパスタ　　　　　　　　・・・700円
○ 和風きのこパスタ　　　　　　・・・700円
○ ツナとほうれん草のクリームパスタ　・・・900円
○ 明太子パスタ　　　　　　　　・・・900円
○ カルボナーラパスタ　　　　　・・・1100円

（2）サラダセット　　　　・・・上記単品メニューに＋300円
サラダ、スープ、焼き立てパン

（3）ランチセット　　　　・・・上記単品メニューに＋500円
サラダ、スープ、焼き立てパン、デザート、コーヒーまたは紅茶
＊12:00～15:00

（4）デザートセット　　　・・・上記単品メニューに＋300円
デザート、コーヒーまたは紅茶
＊14:00～

問題2 次は、コンサートについての情報である。下の質問に答えなさい。

答えは、1・2・3・4から最もよいものを一つえらびなさい。

りょうじ君は友達と4人でコンサートに行こうとしています。時間と場所は特に決めていませんが、土曜日の公演にしか行けません。現在は金曜日の午後7時です。

1 一番早くチケットの申し込みができるのはいつですか。

1 しあさって

2 あさって

3 明日

4 今日

2 りょうじ君の行くことのできる公演はどれですか。

1 (1)と(4)

2 (2)と(4)

3 (3)と(4)

4 (4)

ＷＩＮＤＲＯＡ Ｄツアー　２０１０

公演日	開演時間	会場名	備考
9 / 28(土)	1部　14：30 2部　18：00	東京シアターホール	
（1）9 / 29(日)	1部　13：00 2部　16：30		
（2）10 / 5(土)	1部　14：00 2部　18：00	名古屋第一体育館	両日チケット 完売
10 / 6(日)	1部　13：00 2部　17：00		
（3）10 / 19(土)	18：00	フェスティバル大阪	10 / 19 残り3席
10 / 20(日)	1部　13：00 2部　16：30		
11 / 29(金)	18：00	福岡カーニバルプラザ	
（4）11 / 30(土)	1部　12：00 2部　16：00		

■チケット代金：指定　Ｓ席 8000円　Ａ席 7000円　※東京公演はＳ席のみ

■名古屋会場のチケットは完売です。

【お問い合わせ・ご予約】

(株)ドリーム事務所　Tel 012-345-6789　Fax 012-789-6543

営業時間：電話申し込み　　平日　午前10時〜午後6時

　　　　　ＦＡＸ申し込み　24時間受付

問題3 次は、高速バスの情報である。下の質問に答えなさい。答えは、1・2・3・4から最もよいものを一つえらびなさい。

大学生のひろしさんは東京に住んでいます。1週間後、友達に会いに大阪に行きます。今、旅行会社のホームページを見ながらトイレのついているバスを予約しようとしています。

---

1 ひろしさんが一番安く乗れるバスはどれですか。

1 (1)

2 (2)

3 (3)

4 (4)

2 (1)のバスの場合、ひろしさんはいくらで大阪まで行って帰ってくることができますか。

1 11,100円

2 10,800円

3 11,400円

4 5,400円

東京 ⇔ 大阪間　夜行バス

バスタイプ	片道料金	トイレ	女性専用
（1）スーパーリラックス	6000円	○	×
（2）リラックスワイド	4700円	○	×
（3）コンフォート	4300円	○	○
（4）スタンダード	3000円	×	×

☆★☆　割引き情報　☆★☆

早割り：ご乗車日の5日前までにご購入いただくと、片道150円引き

まとめ割り：5名様以上まとめてご予約されると1便につき100円引き

学割り：大学・短大・専門学校・各種学校の学生の方は片道150円引き

往復割り：往復チケットをご購入いただくと、往復300円引き

■□■　インフォメーション　■□■

※ 予約前に必ず注意事項と旅行条件書をお読みください。

※ 空席確認・ご予約はお電話で承ります。詳しくは詳細ページをご覧ください。

※ 販売開始日から、各便の予約販売期限まで空席の限り、ご予約いただけます。

※ 各便満席になりしだい販売を終了いたします。

※ 夜行便は車中泊となりますので、到着日の前日を出発日としてご予約ください。

	문제유형	유형 설명	문항수
問題4	내용이해(단문)	단문을 읽고 푸는 문제	4
問題5	내용이해(중문)	중문을 읽고 푸는 문제	6
問題6	내용이해(장문)	장문을 읽고 푸는 문제	4
問題7	정보 검색	공고, 팸플릿, 정보지 등의 글을 읽고 정보를 찾는 문제	2

　'독해' 문제에서는 단문(150~200자 정도)을 읽고 내용 이해가 되는지를 파악하는 문제와 중문(350자 정도)의 논평, 해설, 에세이 등을 읽고 인과관계나 이유, 원인 등을 이해했는지를 묻는 문제, 그리고 장문(550자)을 읽고 개요나 논리의 전개 등을 이해했는지를 묻는 문제로 이루어져 있다. 또한, 정보 검색을 위해 광고, 팸플릿, 정보지, 비즈니스 문서 등의 정보 소재(600자 정도) 중에서 필요한 정보를 찾아 낼 수 있는 능력이 있는지를 묻는 문제가 출제된다.

　독해 문제를 잘 풀기 위해서는 우선 여러 장르의 글을 많이 읽어 보는 것 이외의 다른 방법은 없다고 할 수 있다. 본서에서는 앞서 배운 5개의 지문 유형에 따른 학습과 함께, 유형별 실전연습, 실전대비 모의고사를 통해 여러 지문을 접하며 시험에 대비할 수 있도록 구성하였다.

독해 만점을 위한
유형별 실전 연습

150~200자 정도의 단문의 지문을 읽고 푸는 문제로, 4개의 지문에 1문제씩 총 4문제 출제된다.
일상생활이나 업무 등 여러 가지 화제를 포함한 설명문이나 지시문 등을 읽고 내용을 이해하는가를 묻는 문제가 출제되며, 필자가 가장 전하고자 하는 내용이 무엇인지를 알기 위해서는 중심문장을 빨리 찾는 것이 중요하다.

問題4 つぎの文章を読んで、質問に答えなさい。答えは、１・２・３・４から
最もよいものを一つえらびなさい。

（１）

　①働くこととは何か。就職活動を経験した大学の先輩を始め、両親や友達などから社会人の話を聞いても、学生時代に立てた計画がその通りにできたという話はあまり聞いたことがない。考えてみれば、就職活動を始めた頃、第一志望（※1）だった企業も選考（※2）に落ちたらその企業は第一志望でなくなる。その逆で最初は全く気にしていなかった企業が結果的に自分が最も輝ける企業となる場合もある。つまり、働くことは偶然（※3）によって生まれるため、意識的にその偶然が生まれるように行動することが大切である。

（※1）志望：自分がしたいと望むこと
（※2）選考：採用するときに人物や才能などを詳しく調べて考えること
（※3）偶然：予想していない出来事が起こるさま

1 ①働くこととあるが、働くこととはどういうものだと言っているか。

　1 計画を立てても変わるから立てない方がいいもの

　2 希望する企業に落ちることもあるもの

　3 偶然によって生まれるもの

　4 計画を立てればそのとおりにいくもの

（2）

　とつぜん地震が起きたとき、何も準備していないとあわてますよね。地震のときにしなければならないことは3つあります。まず、地震が起きたらすぐにテーブルの下など安全な場所で身を守ることです。普段^{ふだん}からどこにふせるか考えておくとすばやく行動^{こうどう}できるでしょう。次に、地震でもっとも怖いのが火災^{か さい}の発生^{はっせい}です。火を使っている場合はなるべく早く火を消すようにしましょう。そして最後は出口を確保^{かく ほ}しておくことです。玄関や窓などが開かないと建物から外に出ることができませんので、出口を確保しておく必要があります。

1　地震が起こったときにしなければならないことは何か。

　1　テーブルを移動させて安全な場所で身を守る。

　2　火が出ないように水を用意する。

　3　泥棒が入らないように玄関は閉めておく。

　4　窓や玄関のドアを少し開けておく。

（3）

「お酒は百薬(※1)の長」と言いますが、適度なお酒は血の流れを良くし、食欲が増します。昔はお酒を薬として使っていたこともあったそうです。そして精神的なストレスを少なくすることもできます。また、百歳以上の健康な老人の約6割は、毎日、適量(※2)のお酒をたしなんで(※3)いるそうです。私の場合はお酒がおいしいと感じる時は体の調子がいい時で、私にとってお酒は健康の目安となっています。お酒はほろ酔い(※4)ぐらいがいちばん気分もよく、健康面から見てもいいとされています。

（※1）百薬：数多くの薬

（※2）適量：ちょうどよい量

（※3）たしなむ：好んで親しむ

（※4）ほろ酔い：酒に少し酔った状態

1 適度なお酒は体にどのような影響を与えるか。

1 血液の流れを良くし寿命が短くなる。

2 血の流れを良くし食欲を増やす。

3 肉体的なストレスを少なくする。

4 薬として使えるので病状が軽くなる。

（４）

　フリーターとはフリーアルバイターが語源で、正式に定職_{（※1）}にはついていないが、働くことによってお金をもらっていることから、学生でもなく、主婦でもない。また、働く意欲がないニート_{（※2）}とも大きく異なる。最近問題になっているのが、中高年_{（※3）}のフリーターである。これは、フリーターでいる期間が長く、なかなかそこから抜け出せずにフリーターのまま中高年になってしまう人の存在である。３５歳以上になってもフリーターのままでいる中高年のフリーターの数がどんどん増え続けている。フリーターの多くはいずれ定職を持ちたいと考えるものの年齢が高くなるほど正社員になるのが難しいため、この状況は変わらないようだ。

（※１）定職：一定の決まった職業
（※２）ニート：学校にも行かず、仕事もしない若者のこと
（※３）中高年：３５歳以上の人

1　なぜ中高年のフリーターが増えているか。

1　正式に定職にはついていないが、フリーターとして働く方が自分に合っているから

2　年齢が高くなるほど正社員になるのが難しく定職につくのを諦める人が多いから

3　いずれは定職を持ちたいが、若い頃は正社員になりたいと思う人が少ないから

4　フリーターの期間が長く、いつまでもその状況から抜け出せないから

（5）

　飲んだら乗るな！乗るなら飲むな！

　交通事故の原因のひとつは飲酒運転(※1) です。自動車を運転するときには、正しい判断とすばやい動作が求められます。しかし、お酒を飲むと注意力と判断力が低くなります。お酒を飲んで、車を運転するのはナイフを持って道を歩いているのと同じようなものです。ですから、お酒をひとくちでも飲んだ時は運転してはいけません。また、飲酒運転は車の運転者だけの問題ではありません。飲酒運転をした場合、運転者はもちろん、お酒を提供したり、お酒を飲むように勧めた場合や、お酒を飲んだ人が運転する車に一緒に乗っていた人、車を提供した人も飲酒運転を認めたことと同じため、交通違反で警察につかまります。意外と知らない人が多いのですが、車だけでなくバイクや自転車も飲酒運転の対象なので、お酒を飲んで運転することは禁止されています。

（※1）飲酒運転：酒類を飲んで車やバイクを運転すること

1 飲酒運転として警察につかまらない人はだれか。

　1　お酒を飲んで、自転車で家まで帰った人

　2　飲酒運転者と一緒にお酒を飲んだ人

　3　飲酒運転をした人にお酒を出した店の人

　4　飲酒運転者に車を借りた人

（6）

今、あなたは地球の温暖化(※1)防止のために何かしていることはありますか？

　環境問題について興味はあっても、自分が行動するのは簡単なことではありません。環境を守るために何をしてよいかわからなかったり、一度やってみたが、続けなかったという人が多いようです。そこで、今日は誰でも簡単に温暖化防止のためにできる方法を紹介します。それは朝早く起きるということです。朝早く起きて、夜早く寝る生活に変えることで夜遅くまで使っていた電気の使用量を減らすことができます。また、自分も朝の時間は体も心も元気で、午後よりも仕事や勉強に集中できる時間でもあります。一日の始まりである朝を気持ちよく過ごすと、毎日の生活が生き生きとして健康的な生活を送ることができます。つまり、朝早く起きて夜早く寝るという生活は一石二鳥(※2)の生活だというわけです。

（※1）温暖化：地球全体の気温があがっていること
（※2）一石二鳥：一つの行動で二つの良い結果がでること

1 　朝早くおきるのがよいと言っているのはなぜか。

　1　温暖化防止のためにできる簡単な方法だから

　2　午前中は仕事や勉強をするのによい時間だから

　3　環境問題のためにも自分の健康のためにもよいから

　4　夜早く寝ると使う電気の量を減らすことができるから

（7）

中川先生

拝啓
　さわやかな秋晴れの日が続いております。先生におかれましては元気でお過ごしのことと存じ上げます。
　先日は、私たちの結婚式に出席いただけるとのご返事をありがとうございました。お忙しい中、お願いして心苦しいのですが、その席で、日ごろからお世話になっている先生にひと言、お言葉をいただきたく思います。直接おうかがいしてお願い申し上げるべきなのですが、遠方（※1）のため、書中にて失礼いたしました。
　お忙しいところ、申し訳ありませんが、中川先生には今後ともご指導をうけたまわりたく、ぜひお引き受けいただきたく心よりお願い申し上げます。近日中にお返事をいただけましたら幸いです。よろしくお願いいたします。

敬具

平成21年10月25日

（※1）遠方：遠いところ

1　この手紙の中で先生にお願いしていることはなにか。

1　結婚式に出席すること

2　結婚式でお祝いのスピーチをすること

3　結婚式に出るかどうか早く返事をすること

4　これからも指導していただくこと

（8）

　2008年には約6万5000件の詐欺(※1)事件が発生している。今までは、お年寄りを狙った詐欺が多かったが、最近は、結婚詐欺にあう20代、30代の女性が増えている。また、結婚詐欺の被害者(※2)のほとんどは女性だったが、最近は女性が男性をだます事件も増えている。結婚詐欺師(※3)は本当に結婚しようとは思っていないのに、相手を好きなふりをして近づく。そして、ある日、親が病気になってお金が必要だ、兄弟が交通事故を起こしてしまってお金に困っているなどと相談をする。しかし、直接お金を貸して欲しいとは言わない。周りの人が見れば、あやしいことでも、自分が結婚しようと思っている相手の言葉なので信じてしまい、結婚詐欺にあうのだ。そのため、結婚詐欺にあう前に家族や友達が気づいて助けてあげることが大切だ。

（※1）詐欺：うそをついて人からお金を取ること
（※2）被害者：事件や事故などで害をうけた人
（※3）詐欺師：詐欺をする人のこと

1　結婚詐欺について正しいのはどれか。

　1　今まではお年寄りの被害者が多かった。

　2　最近は女性よりも男性の被害者が多い。

　3　結婚詐欺師はある日突然、お金を貸して欲しいという。

　4　結婚詐欺にあわないためには周りの人の助けが重要だ。

（9）

「平泳ぎ」（※1）には２つの泳ぎ方（※2）がある。昔からあるストレート泳法と呼ばれるものと、近年（※3）になり正式な泳ぎ方として認められた①ウェイブ泳法というものだ。ストレート泳法は頭を出したまま真っ直ぐ泳ぐ泳ぎ方である。後に、頭が水の中に入ることが正式に認められ、ウェイブ泳法も使えることになった。泳ぐスピードは、ストレート泳法に比べると、ウェイブ泳法の方が早く泳ぐことができる。

（※1）平泳ぎ：水泳の泳ぎ方の一つ

（※2）泳ぎ方：泳ぐ方法

（※3）近年：最近

1　①ウェイブ泳法とあるが、ウェイブ泳法とはどのような泳ぎ方だと言っているか。

1　ストレート泳法よりも後に認められた泳ぎ方である。

2　２つある平泳ぎに新しく加わる３つ目の泳ぎ方である。

3　ストレート泳法よりも遅い泳ぎ方である。

4　頭を下げたまま真っ直ぐ泳ぐ泳ぎ方である。

（10）

　味覚というものは動物が食べ物を体の中に入れる時に、それを「おいしい」と感じることによって体が食事をしたいと思う働きを助ける感覚(※1)である。また体に良くない食べ物を口にして「まずい」と感じることによって体が本能(※2)でそれを食べないようにする働きもある。

　色々な食べ物を口にする生き物にとって、同じ味ばかり食べていると飽きる(※3)という感覚もある。これはバランス良く栄養を体に取り入れるためであると考えられる。

（※１）感覚：光・音・味・寒さ・暑さなどを感じる働きのある意識

（※２）本能：動物が生まれた時から持っているもの

（※３）飽きる：多すぎたり、同じことが長く続き、嫌になること

1　本文で味覚と関係のないものは次のどれですか。

　1　生き物

　2　考え

　3　食べ物

　4　口

（11）

　最近、日本の大きなカップラーメン会社が自分の会社の新しい商品（※1）の販売（※2）を一時（※3）止めることを発表した。①この商品は今月16日に一部の地方で先に販売された。だが、初め考えていた販売数よりも多く売れてしまったため、販売から4日で販売を一時見合わせる（※4）ことになった。

　この商品は、この会社が昔から販売しているインスタントラーメンの味を「ご飯」にしてみるという発想（※5）から新しく作られた。スープの味はもちろんのこと、麺の味までご飯の中にそのラーメンと同じ味になるように作られていて長い間このラーメンを好きだった人たちの間では話題を集めていた。

（※1）商品：売るためのもの
（※2）販売：商品を売ること
（※3）一時：短い時間
（※4）見合わせる：様子を見て待つこと
（※5）発想：ある考えを思いつくこと

1　①この商品とあるが、この商品とは何か。

1　この会社が昔から販売しているカップラーメンにご飯を入れたもの

2　ご飯の中にラーメンのスープを入れたご飯スープ

3　昔から販売してきたインスタントライス

4　この会社が作っているラーメンと同じ味のするご飯

（12）

　朝起きることが苦手_{（※1）}な人って少なくないですよね、私もそうです。そんな人に今日は朝、気分良く起きる方法をご紹介したいと思います。まず始めに「強い光を浴びること」です。一番いいのは日の光ですが、部屋の明かり_{（※2）}でもかまいません。次は「体の温度_{（※3）}を上げること」です。人間は体の温度が上がることにより起きることができます。ですから、軽い運動をして体の温度を上げると良いでしょう。そして最後に、「体に刺激を与える_{（※4）}こと」です。声を出すのも良いと思いますが、冷たい水で顔を洗うなどしても良いでしょう。

（※1）苦手：上手じゃない

（※2）明かり：光

（※3）温度：物の温かさや冷たさ

（※4）刺激を与える：そのものに対して、気持ちや感じを持たせること

1　朝気分よく起きるためにすることはどれか。

　1　時計を使わず自然に起きる。

　2　朝カーテンを開ける。

　3　部屋を暗くして寝る。

　4　温かい水で顔を洗う。

350자 정도의 논평, 해설, 에세이 등의 지문을 읽고 인과관계나 원인·이유 등을 이해하는가를 묻는 문제로, 2개의 지문에 각 3문제씩 총 6문제 출제된다. 지문 하나에 복수의 문제가 출제되므로, 먼저 읽어야 할 곳은 문제 부분이다. 문제를 잘 읽고 요구하는 질문이 무엇인지를 잘 파악한 다음에 본문을 읽어 내려가는 것이 중요하다.

問題 5 つぎの文章を読んで、質問に答えなさい。答えは、１・２・３・４から
　　　　最もよいものを一つえらびなさい。

（１）

　履歴書では、まずその人の基本情報を見ます。採用する人はあなたのことを全く知らない状態ですので、あなたがどのような人でどのような経歴(※1)を持っているかなどを確認し、その内容から実際に面接をするかどうか判断します。具体的には学歴や職歴などを見る場合が多いです。大学だけでなく、中学校や高校を見る場合もあります。また、転職(※2)の回数についてもよくみられるポイントです。履歴書を書く場合は、誤字脱字(※3)がないように注意しましょう。誤字脱字があるとそそっかしい人という印象を与えてしまい、書類で落とされる場合があります。書き終わったら必ず確認した方がよいです。また、自己ＰＲ(※4)には自分の長所を全部書くのではなく、２、３個にしぼって書くようにするとよいでしょう。

（※1）経歴：これまでの学業や職業、資格などの履歴
（※2）転職：職を変えること
（※3）誤字脱字：漢字を書き間違えたり、字が抜けていること
（※4）自己ＰＲ：自分のよいところをアピールすること

$\boxed{1}$　採用する人はまず履歴書のどこを見るか。

1　学歴や職歴などの基本的な情報を見る。

2　中学、高校、大学などの学歴だけを見る。

3　転職回数が多くないかを見る。

4　自己ＰＲが書けているかどうかを見る。

$\boxed{2}$　履歴書を書くとき、注意することは何か。

1　転職回数が多い場合は多少ごまかしてもよい。

2　自分の長所が沢山ある人は全てを書く。

3　漢字を間違えたり字が抜けていないかを確認する。

4　そそっかしい人と思われないように自己ＰＲを上手に書く。

$\boxed{3}$　履歴書を書くのはどんな時か。

1　大学に入りたい時

2　友達を作りたい時

3　外国に行く時

4　仕事を探している時

（2）

　よく遅刻(※1)をする人は何らかの問題を抱えていると思います。同僚や上司との人間関係や仕事のやりがい(※2)、プライベート、精神面で問題を抱えていることがあるようです。仕事にやりがいを感じていたら遅刻や欠勤は少ないですが、それでも遅刻するのであれば、仕事とは別にプライベートで何か悩みがあるのかもしれません。①この場合、遅刻の注意をしても効果はあまり期待できません。中には、遅刻は悪いことと思っていない人もいるようです。しかし、遅刻は必ず他人に迷惑をかけます。遅刻の理由はたいてい「寝坊しました」や「電車に乗り遅れました」などですが、それらは社会人としての理由にはなりません。例えば、寝坊で遅刻したのであればその原因は何かを考えなければいけません。遅刻をしないためには仕事に対する責任や、社会人としての自覚(※3)が必要です。

（※１）遅刻：決まった時間に遅れること

（※２）やりがい：それをするだけの価値

（※３）自覚：自分自身の置かれている状況を知ること

1 ①<u>この場合、遅刻の注意をしても効果はあまり期待できません</u>とあるが、それはなぜか。

1 若者はみんな遅刻は悪いことと思っていないから

2 遅刻の理由が仕事での悩みではないかもしれないから

3 仕事にやりがいを感じていないから

4 他人に迷惑をかけると思っていないから

2 本文の考えと合うものはどれか。

1 何かに悩んでいる場合、遅刻しても悪いこととは思わない。

2 遅刻は悪いことと思っているが、他人に迷惑をかけるとは思っていない。

3 よく遅刻する人は人間関係やプライベートなどで悩んでいることがある。

4 遅刻する人は日頃の習慣を見直さないといけない。

3 よく遅刻する人が、遅刻をしないために必要なことは何か。

1 遅刻した理由を話すこと

2 なぜ遅刻したか考えること

3 悩みを他人に相談すること

4 社会人になること

（3）

　現在、日本で使われている文字には漢字とかながあります。漢字は中国から伝わったものとそれを真似て日本で作ったものがあります。かなには漢字をくずしたひらがなと「へん」や「つくり」からとったカタカナがあります。漢字は日本の文化の美しさが最も表れているものだと私は思います。みなさんは美しいものを見て美しいと感じますが、漢字がなければ「美しさ」は書くことができません。ですから、①漢字は美しさを形として表すことができる唯一の手段だと言えるでしょう。古代の人たちが美しいと感じ、日本に取り入れたいと強く思い、それが現代まで受け継がれているものが漢字なのです。最近では、その漢字の美しさをデザインした「漢字Tシャツ」が発売されており、外国人に人気があります。またTシャツの文字から伝えたいメッセージを漢字という形で相手に伝えることができ、それは日本の文化の美しさを上手に表せるものの1つだと思います。

文법

독해

1 現在、日本で使われている漢字はどのようなものであると言っているか。

1 日本の漢字は全て中国から伝わったものである。

2 中国から伝わったものと日本で作ったものである。

3 ひらがなをくずして作ったものである。

4 「へん」と「つくり」から作られたものである。

2 ①漢字は美しさを形として表すことができる唯一の手段とあるが、それはなぜか。

1 文字として相手に伝えることができ、漢字は美しいものを美しいと表すことができるから

2 古代の人が日本に取り入れたいと強く望んだものだから

3 Ｔシャツの文字から漢字という形で相手に言葉を伝えることができるから

4 ひらがなやカタカナでは日本の文化の美しさを表すことができないから

3 この文章の内容に合っているものはどれか。

1 ひらがなは漢字が伝わる前からあった。

2 漢字がなければ、私たちは美しさを感じることができない。

3 古代の人は漢字を美しいと思って日本に取り入れた。

4 「漢字Ｔシャツ」が最近日本で流行っている。

（４）

　話し上手になりたいと思う人は沢山いると思います。うまく話すことの目的は、単純にその相手と親しくなりたい、というのが一番でしょう。しかし、話し上手になりたいからと言って①自分の話ばかりをするのはよくありません。会話は話す人と聞く人がいて成り立つものですから、自分ばかり話すのではなく、相手の話を聞くことも大切です。話し上手は聞き上手とも言われ、相手の話を聞くことも話し上手の１つです。ですから、話す技術と同時に聞く技術も高める必要があります。そして、聞き上手になれば相手の反応に合わせた会話ができるようになるので話を盛り上げることができます。さらに、この人と話していると楽しい、と相手に感じさせることができるので、誰からも好かれるという良い点があります。また、人の話を聞くことで相手から知識や情報などを得ることができます。結果的には、話し方や会話の技術を磨くより、②上手に人の話を聞く技術を磨くほうが一番の近道になるでしょう。

1 ①自分の話ばかりをするのはよくありませんとあるが、それはなぜか。

1 一人で話していると会話が成り立たないから

2 話す技術を高めることができないから

3 聞く相手が反応にあわせて盛り上げてくれるから

4 誰からも好かれなくなるから

2 ②上手に人の話を聞く技術を磨くほうが一番の近道になるとあるが、それはなぜか。

1 聞き上手になることで、お互いの言いたいことが伝わるから

2 相手の話に共感したり違う話題を持ち出すことができるから

3 聞き上手になれば、相手の顔色に合わせた会話ができるから

4 聞き上手になれば、相手に好かれ、役立つ情報や知識も得られるから

3 話し上手とは、どのような人のことか。

1 相手から情報をうまく聞き出す人

2 会話の技術を磨く努力をしている人

3 自分のことを話すのも、人の話を聞くのもうまい人

4 相手と親しくなりたいと思っている人

（5）

　睡眠時間と寿命(※1)の関係の調査で、①予想外(※2)の結果が出た。アメリカの学者が行った調査によると、1日に6.5〜7.5時間の睡眠をとっている人が、一番長生きすることがわかった。それよりも長い睡眠時間の人も、短い睡眠時間の人も寿命が短くなる。特に長く眠っている人が問題だと言う。この研究を行った学者は「睡眠と食欲は同じようなものだ。食べたいからといって食べ過ぎると体に良くないのと同じように、眠たいからといって、いつまでも寝ていると体に良くない」と言っている。

　日本でも、同じような結果が出ている。40〜79歳の男女約10万人を10年間調査した結果、寿命が最も長かったのは男女ともに睡眠時間が7時間の人だった。睡眠時間が7時間よりも短い人も長い人も死亡率(※3)が高くなることがわかった。睡眠時間の長い人の寿命が短くなる原因はまだはっきりしていないが、長く眠る人は何らかの健康上の問題があるためではないかと考えられている。

（※1）寿命：生きることのできる命の長さ
（※2）予想外：思っていなかった
（※3）死亡率：ある期間の間に死んだひとの割合

1 一番長生きするのはどの人か。

1 1日6時間眠る人

2 1日7時間眠る人

3 1日8時間眠る人

4 1日10時間眠る人

2 ①予想外の結果とあるが、研究でわかったことは何か。

1 睡眠時間が長い人のほうが短い人よりも寿命が長いこと

2 睡眠時間の長い人は健康上の問題があること

3 睡眠時間が7時間程度の人が最も長生きすること

4 睡眠と食欲は同じようなものだということ

3 この文章の内容と合っていないものはどれか。

1 睡眠時間についての研究はアメリカのみで行われた。

2 睡眠時間についての調査結果は意外だった。

3 睡眠時間が短い人よりも長い人のほうが問題だ。

4 睡眠時間が長い人の寿命が短くなる理由はわかっていない。

（6）

　私たちは人間と動物を分けて考えます。では、動物と私たち人間とでは何が違うのでしょうか。よく、脳の大きさが違う、言葉や道具を使う、家族をもっていることなどが人間と動物の差としてあげられます。しかし、人間とほかの動物とは全く違うことがあります。それは、私たちはまっすぐ立って2本の足で歩くということです。もちろん、鳥や恐竜のように2本の足で歩く動物もいますが、彼らの背骨は人間のようにまっすぐ立ってはいません。

　人間はどのようにして2本足で歩くようになったのか。この謎を解くために、人間と最も近い動物といわれるチンパンジーの生活が研究されています。チンパンジーは道具を作って使うなど、社会的な行動が人間と非常に似ていることが知られています。また、チンパンジーも2本足で歩くことができますが、いつもは4本足で歩きます。2本の足で歩くときには腰の部分にある中殿筋(※1)という筋肉が重要な働きをします。この中殿筋はチンパンジーが木を登るときに使われていて、この木登りが2本足で歩くための練習になったのではないかと考えられています。また、チンパンジーのように体重の重いサルは、木の枝の上を歩くのではなく、枝からぶら下がることが多くなります。この時、背筋がまっすぐにのびています。これも、まっすぐ立つための練習になっていると考えられています。

（※1）中殿筋：腰のあたりにあり、左右のバランスをとるのに必要な筋肉

1 この文章で、人間の特徴は何だと言っているか。

1 脳が大きいこと

2 言葉や道具を使うこと

3 ２本足で歩くこと

4 家族をもつこと

2 チンパンジーを研究するのはなぜか。

1 人間と同じように道具を使う動物だから

2 ２本足で歩くことのできる動物だから

3 社会的な行動が人間と同じだから

4 人間に一番似ている動物だから

3 チンパンジーの行動で２本足で歩く練習になっていると考えられるものは
どれか。

1 木の枝の上を移動すること

2 枝にぶら下がること

3 木の上で生活すること

4 道具を使って木に登ること

（7）

　今日は家庭でも簡単にできる「水風呂健康法」をご紹介したいと思います。水風呂とは読んで字の通り、水のお風呂のことです。普通にお風呂に入るよりは時間がかかりますが、水風呂に入ることで、体の中の血の流れが良くなり健康(※1)につながります。

　水風呂の入り方は、まず体を十分に温めます。温度の違いが大きいほど良いのですが、熱いお湯(※2)に長い時間入ると体に良くないので、半身浴(※3)で体を温めて下さい。半身浴をすると、体の中でいらないものが汗と一緒に出てきます。

　しかし、何もしないで長い時間お湯に入るというのも、なかなか難しいことでしょう。その場合は、お風呂に水に濡れても良い雑誌や本などを持ち込むと良いと思います。お風呂で歯を磨く習慣をつけることも一つの手です。歯を一本一本綺麗に磨いているうちに、いつの間にか時間が過ぎていきます。

　そして体が温まったら水風呂に入るのですが、家のお風呂に湯船(※4)が2つもある家はあまり無いと思います。だから家の場合は冷たいシャワーでもかまいません。温度は低いほど良いです。

　この作業を数回行い、最後に水を浴びれば水風呂健康法は終了です。

（※1）健康：体が悪くないこと

（※2）お湯：温かい水のこと

（※3）半身浴：体の半分をお湯に入れて湯船に入ること

（※4）湯船：風呂の中にあるお湯を入れる箱のこと

1 水風呂の良い点はどんなところだと言っているか。

1 雑誌や本が濡れないこと

2 長い時間お湯に入らなくて良いこと

3 温度の違いが大きいこと

4 体の中の血の流れを良くしてくれること

2 水風呂健康法の悪い点はどんなところだと言っているか。

1 温度の違いで汗が出ること

2 普通に入浴するよりも時間がかかること

3 お湯に入れないので体が冷えること

4 家の場合、シャワーを使えないこと

3 水風呂健康法を行う時にやらなくても良いことはどれか。

1 半身浴をする。

2 歯を1本1本綺麗に磨く。

3 最後に冷たい水を浴びる。

4 お湯で体を温める。

（8）

　日本でも行われているゴミの分別(※1)。他の国ではどのような方法で処分(※2) さ
れているのかが、気になるところです。環境先進国(※3) で有名なヨーロッパにある
スウェーデンでは、住んでいる場所によって分別の方法が違うようです。どこも
だいたいは8〜10種類に分別されるとのこと。ある市では茶色と緑色の2種類
の箱がそれぞれの家庭の家の前に置かれていて、茶色の箱には生ゴミ、緑色の箱
には焼くことのできるゴミを入れます。すると、ゴミを集める車がゴミを取りに
来てくれるのですが、それには全てお金がかかります。なので少しでも節約(※4) す
るために、家の人達はゴミを少なくするように頑張ります。

　他の、紙、紙パック、びん、カン、古い新聞、焼くことのできないゴミなどは
自分の家で置いておき、街に1ヶ所ある収集場(※5)へ自分で持っていく必要があり
ますが、びん、カンなどは資源(※6) ゴミとして①お金を払わなくても受け取ってく
れます。

（※1）分別：分けて別にすること
（※2）処分：いらないものを捨てたりすること
（※3）環境先進国：環境に関係のあることが、多くの国から見て進んでいる国
（※4）節約：お金を必要以上に使わないこと
（※5）収集場：集める場所
（※6）資源：再利用できるもの

1 ゴミを捨てるときにお金を払わせる目的はどれか。

1 国の人にお金を使わせて経済を安定させるため

2 環境改善のために使うお金を貯めるため

3 節約したいと考えることによりゴミの量を減らすため

4 ゴミを種類ごとに分けるため

2 茶色のゴミ箱に入れても良いゴミはどれか。

1 お菓子の袋

2 新聞紙

3 壊れたテレビ

4 魚の頭

3 ①お金を払わなくても受け取ってくれますとあるが、なぜお金を払わなくても良いのか。

1 他でお金を払うのでサービスしているから

2 小さいゴミなのでお金を払うほどのものではないから

3 綺麗にしてまた使うことができるから

4 家の人が節約するのを助けたいから

550자 정도의 논리전개가 비교적 명쾌한 지문을 읽고 전체적으로 전하고자 하는 주장이나 의견을 파악할 수 있는지를 묻는 문제로, 1개의 지문에 4문제 출제된다. 이 유형은 먼저 문제를 읽고 문제의 요점을 간단하게 체크한 후, 지문 전체를 가능한 집중해서 읽도록 하자. 출제되는 문제가 전체적으로 주장하는 내용이나 필자의 의견, 또는 지문과 내용이 맞는 문장을 찾아야 하는 문제이기 때문에 지문을 확실하게 이해하는 것이 중요하다.

問題 6 つぎの文章を読んで、質問に答えなさい。答えは、１・２・３・４から
最もよいものを一つえらびなさい。

（１）

　ハンカチは身だしなみ（※1）の基本アイテムです。汗をふいたり、手をふいたりするのに必要です。また、急に雨が降った時にもハンカチがあると便利です。最近では綿のハンカチよりもタオルハンカチを使っている人が増えていますが、タオルハンカチは手や汗もしっかりふけて、アイロンも必要ないため、便利で人気があります。

　あるアンケートの結果では普段ハンカチやタオルを持ち歩いて（※2）いると言う人が70％、いつもではないが良く持ち歩いているという人が14.8％と、ほとんどの人がハンカチを持ち歩いているという結果が出ました。また年齢別では年齢が高くなるほどハンカチをいつも持ち歩いている人が多いことが分かりました。一方、たまに持ち歩くという人やハンカチはほとんど使わないという人も若い人ほど多い結果となりました。そのほかに、男性の中にはスーツを着る時だけ持ち歩くという人もいました。ハンカチの中で一番良く使っている種類では、タオルハンカチが一番多く、続いて綿のハンカチが多かったです。男女別では①男性は綿や絹のハンカチを、女性はタオル地のものを好んで使っていることが分かりました。男性はスーツで仕事をすることが多いため、タオル地のものよりも薄手の

ハンカチの方がポケットに収まりやすく持ち運びしやすいようです。ハンカチを持つ理由は男性は実用的な用途で使うためで、女性はエチケットのために持っていることが多いです。

（※１）身だしなみ：身のまわりについての心がけ
（※２）持ち歩く：持って歩く、携帯する

1 どのような人がハンカチを持ち歩いていると言っているか。

1 年齢が高い人ほどハンカチを持ち歩いている。

2 若い人ほどハンカチを持ち歩いている。

3 男性の方がハンカチを持ち歩いている。

4 男性も女性もスーツの時だけ持ち歩いている。

2 ①男性は綿や絹のハンカチとあるが、それはなぜか。

1 タオル地のものだとスーツに似合わないから

2 薄手のハンカチの方がスーツに似合うから

3 薄手のハンカチの方がポケットに入れやすいから

4 綿のハンカチはアイロンが不要で便利だから

3 タオルハンカチのよさは何か。

1 厚みがあるので長く使える。

2 薄くてポケットに収まりやすい。

3 汗や手がしっかりふけてアイロンをせずに使える。

4 実用的で使いやすい。

4 ハンカチを持つ理由は何と言っているか。

1 男性はエチケットのために持ち、女性は実用的な用途で使っている。

2 男女とも実用的な用途で使っている。

3 男女ともエチケットのために持っている。

4 男性は実用的な用途で使い、女性はエチケットのために持っている。

（2）

　映画の中で音楽は重要だと誰もが言う。しかし、なぜ重要なのか、どういうふうに重要なのかを私に説明してくれた人はいない。その前に、映画に音楽は必要なのだろうか。だれかそれについて考えたことがある人はいるだろうか。私の記憶では①そんなばからしいことを考える人はいなかったようである。ただ、みんなが映画と音楽は不可分(※1)なものだと決めてしまっているのだ。映画が始まれば、どこからか音楽が聞こえ始めなくてはならないことになってしまったのだ。

　映画の中の音楽への批判(※2)は監督に集まる。なぜ、監督は音楽の研究にもう少し時間をかけないのかと。しかし、私たち監督の仕事は専門的に完成したそれぞれの部署(※3)を動かしながら映画を作ることだ。音楽を入れる前の映像だけでも十分に楽しむことのできる映像を作ることが監督の仕事である。音楽が入ることによって効果が高まることは確かだが、音楽が逆効果(※4)になることも少なくない。そこで、私が音楽家にお願いしたいことは、映像を感覚的に理解することだ。暗い場面に楽しい音楽をもってきたり、落ち着いた場面に踊るような音楽をもってこられてはどうしようもない。まずは、映像のスピードを正確につかむことを意識してほしい。メロディーやハーモニーというものはその次でよい。車がはやく走っている場面に優雅(※5)なクラッシックが流れるというようなことも②おとぎ話ではない。例をあげようと思えばいくつでもあげられる実話なのである。

　映画音楽家の場合、③最も必要な才能は必ずしも作曲の才能ではない。鋭い感覚を持って、映像に合わせて音楽を効果的に入れることができなくては、この仕事はできないだろう。私はまだ、そういうことのできる人に出会っていない。

（※１）不可分：分けたり、切りはなしたりできないこと
（※２）批判：人の仕事のまちがいや欠点を言うこと
（※３）部署：それぞれ決められた仕事をする場所
（※４）逆効果：期待したのとは反対の結果がでること
（※５）優雅：落ち着いて、上品なこと

1 ①そんなばからしいことを考える人とあるが、それはどのような人か。

1 映画において音楽は重要なのか考える人

2 映画の中で音楽がどのように重要なのか考える人

3 映画の中で音楽がなぜ重要なのか考える人

4 映画に音楽は必要なのか考える人

2 ②おとぎ話ではないとあるが、それはどういうことか。

1 笑い話ではないということ

2 有名な話ではないということ

3 昔の話ではないということ

4 作り話ではないということ

3 ③最も必要な才能とあるが、映画音楽家にとって最も必要な才能とは何か。

1 鋭い感覚を持って曲を作る才能

2 映像にあった音楽を選ぶ才能

3 メロディーやハーモニーのよい音楽を選ぶ才能

4 音楽を入れなくても楽しめる映像をとる才能

4 この文章の筆者の仕事は何か。

1 映画音楽家

2 映画監督

3 映画批判家

4 映画カメラマン

（３）

　父親は病気になりました。とても年をとっていたので、その病気が良くなることはありませんでした。父親は自分の一生(※1)が終ってしまうことが分かり、二人の息子のイワンの兄とイワンを部屋に呼び、言葉を残しました。

　まずは兄に言いました。

　「お前は頭が良い息子だ。だから私は少しも心配はしていない。この家も畑もお金も、全部お前にあげるよ。①その代わり、イワンがお前と一緒にいる限り、私に代わって必ず親切に世話をしてやってくれ。」

　それから父親は小さな銀(※2)で出来た箱をベットの下から取り出しながら、イワンの方を向いてこう言いました。

　「イワン。お前は兄さんと違って、本当にとても頭が良くなくて困る。お前には、畑やお金をたくさんあげたところで、すぐに他の人の手に渡してしまうだろう。そこでお前には、この銀の小さな箱をたった一つ残していこうと考えた。この箱の中にお前のこれからを考えておいた。もしも、兄さんと別れてどうしようもなくて大変になった時に、この箱を開けるがいい。そうすれば、お前はこの中に死ぬまで安心して食べるに困らないだけのものを見つけることができるだろう。しかし、②その時が来るまで、どんな事があっても決して開けてはいけないよ。さぁ、ここに鍵があるから誰にも盗まれないように大切に持っていなさい。」

　父親の言葉を聞いた③息子たちは、決して文句(※3)は言いませんでした。二人はただひたすら父親の冥福(※4)を神に祈りました。

　④安心した父親は、しばらくして、天使(※5)の服を着た二人の息子に手をとられて、幸せな夢を見ながら死にました。

（注１）一生：生まれて死ぬまで

（注２）銀：シルバー

（注３）文句：そのことに対して嫌なこと

（注４）冥福：死んだ後に幸せになること

（注５）天使：エンジェル

| 1 | ①その代わりとあるが、何の代わりか。

1 父親の代わり

2 イワンの代わり

3 頭が良い代わり

4 家や畑をあげる代わり

| 2 | ②その時が来るまでとあるが、その時にあてはまるものはどれか。

1 兄に怒られてしまった時

2 兄が一週間旅行に出かけた時

3 兄と喧嘩して帰る家がなくなった時

4 兄より頭がよくなった時

| 3 | ③息子たちは、決して文句は言いませんでしたとあるが、なぜ文句を言わなかったのか。

1 父の言ったことが分からなかったから

2 父の言ったことが嫌だったから

3 父の言ったことが分かったから

4 父の言ったことが聞こえなかったから

| 4 | ④安心した父親はとあるが、父は何に安心したのか。

1 心配していたことを全部息子達に伝えることができたから

2 自分が死ぬ事は前から分かっていたから

3 二人の息子が天使の服を着てくれていたから

4 もうイワンの世話をしなくても良いから

600자 정도의 광고, 팸플릿, 정보지, 비즈니스 문서 등의 정보 소재 중에서 필요한 정보를 찾아낼 수 있는 능력이 있는지를 묻는 문제로, 1개의 정보에 2문제 출제된다.

　문제 7 유형은 문제에 들어가기 전에, 상황을 설명하는 짧은 지문이 주어지기 때문에, 그 지문을 통해 어떠한 상황인지를 먼저 파악한 후, 문제를 확인하고, 정보지를 읽는 순으로 접근하는 것이 좋다. 정보지의 전체의 내용을 이해하고 정답을 찾는 것도 좋지만, 시험에서는 정답을 얼마나 빨리 찾을 수 있는지가 관건이기 때문에 선택지를 먼저 읽고, 선택지에 관련된 정보만을 파악해서, 정답인지 아닌지를 판단하면 된다.

→ 문법

→ 독해

問題7　つぎの文章は、花国際大学の大学祭の案内である。下の質問に答えなさい。答えは、1・2・3・4から最もよいものを一つえらびなさい。

（1）

　ゆりこさんは花国際大学の大学祭に遊びに行こうと思っています。ゆりこさんはファッションに興味があり、大学祭では何か体験をしたいと思っています。ゆりこさんは金曜日と土曜日は10時～20時までアルバイトがあります。

1　ゆりこさんが参加できる催し物はどれか。

1　（2）と（3）と（4）

2　（1）と（3）と（5）

3　（1）と（2）と（5）

4　（1）と（2）と（3）

2 ファッションショーを見るにはいつまでに事務局に連絡しないといけない
か。

1　10月17日

2　10月10日

3　10月20日

4　10月24日

花国際大学　大学祭のお知らせ

● 期間 … 10月22日(金)〜10月24日(日)　10時〜20時

● 入試説明・相談会（参加自由・無料）

　10月23日(土)の午後3時から大講義室で入試の説明、入学に関する相談会を開催します。

● 野外出店（30店）

　主に飲食店やフリーマーケットなどを行っています。

● 野外ライブチケット購入について

　・前売りチケット3,000円（前日までに購入）

　・当日チケット5,000円（売り切れの場合もございます）

● ファッションショー入場券について（無料・申し込みが必要）

　ファッションショーの入場券はショー当日の1週間前までに大学祭事務局までご連絡ください。

● 催し物の案内表

内容	日にち	時間	場所
（1）ガラスの絵付け体験（45分）	22日 24日	11時〜15時	C201 教室
（2）国際文化体験（90分）	23日	13時〜19時	C102 教室
（3）作品展示（陶芸/ガラス工芸）	22日〜 24日	10時〜16時	C309 教室
（4）野外ライブ・ゲーム大会	23日	17時〜20時	円形広場
（5）ファッションショー	24日	14時〜16時	ファッション棟

※（1）（2）の体験については制作費がそれぞれ3,000円ずつかかります。

問題7 つぎの文章は、クラスで日本語学校の授業案内である。下の質問に答えなさい。答えは、1・2・3・4から最もよいものを一つえらびなさい。

（2）

　マットさんは、仕事が終わった後、日本語を勉強したいと思っています。
　マットさんは平日の9時〜6時は仕事で、水曜日は仕事の後、毎週テニスをすることにしています。

---

1 マットさんが、通えるコースはどれか。

1 （2）と（5）

2 （2）と（3）と（4）

3 （3）と（4）

4 （5）

2 9月8日に集中コースBを申し込んだ場合、払う料金はいくらか。

1 33,000円

2 35,000円

3 40,000円

4 44,000円

JLS日本語学校 2010年度 授業案内

● 集中クラス

コース名	曜日／時間	料金
(1) 集中コースA	月～金　9時～13時	42000円
(2) 集中コースB	月～金　19時～22時	33000円

● 会話クラス

コース名	曜日／時間	料金
(3) 会話コースA	月・水・金　19時～21時	18000円
(4) 会話コースB	火・水・金　19時～21時	18000円
(5) 会話コースC	土曜　10時～13時 14時～16時	10000円

※ 1学期は4週間です。

※ キャンペーン期間(9月6日まで)は入学金(5,000円)は必要ありません。

※ 1コースにつき、教材費別途2,000円ずつ必要です。

各クラス定員になり次第、受付を終了しますので、申し込みはお早めに！！

問題7 つぎの文章は、デパートのフロアガイドである。下の質問に答えなさい。
答えは、1・2・3・4から最もよいものを一つえらびなさい。

（3）

車でデパートに来たタカシさんは現在南館地下駐車場にいます。
タカシさんは午後8時からの映画を見るためにデパートにやって来ました。

---

1 タカシさんが今いる場所から一番近いトイレはどこにあるか。

1 本館 1F

2 本館 B1

3 南館 1F

4 本館 4F

2 タカシさんは南館駐車場から車を何時までに外に出さなくてはいけないか。

1 午前10時

2 午後11時

3 午後11時30分

4 午前0時

右田デパートフロアガイド

本館

7F	レストラン 👨👩
6F	生活用品 👨👩
5F	子ども服 👨👩
4F	男性服 スポーツ用品 👨
3F	女性服 ヤング 👩
2F	女性服 女性靴
1F	化粧品 アクセサリー 👨👩
B1	食料館 👨👩
B2	本館地下駐車場

南館

3F	映画館 👨👩
2F	本 👨👩
1F	薬屋・携帯電話 映画チケット売り場 👨
B1	南館地下駐車場

＊営業時間
午前１０時〜午後１１時
（映画館のみ午後１１時３０分まで）

＊駐車場のご利用時間は
午前１１時〜午前０時

＊本館食料館から
南館地下駐車場に行くこと
が出来ます。

👨 男性用トイレ　👩 女性用トイレ

모의고사

제1회

言語知識(文法)・読解

問題1 つぎの文の（　　　）に入れるのに最もよいものを、1・2・3・4から
一つえらびなさい。

1 テレビを見ている（　　　）寝てしまった。

　　1 ついでに　　　　2 ほど　　　　　　　3 うちに　　　　　　4 おかげで

2 この問題は、クラスで一番頭のいい子（　　　）解けなかった。

　　1 でさえ　　　　　2 こそ　　　　　　　3 ならば　　　　　　4 など

3 妹はどちらかというと男（　　　）性格だ。

　　1 ほどの　　　　　2 気味の　　　　　　3 っぽい　　　　　　4 にしては

4 娘は小学生の（　　　）背が高い。

　　1 すえに　　　　　2 たびに　　　　　　3 せいか　　　　　　4 わりに

5 何も知らない（　　　）話に入ってこないでください。

　　1 おかげで　　　　2 くせに　　　　　　3 ので　　　　　　　4 こそ

6 あなたが来てくれた（　　　）助かりました。

　　1 最中に　　　　　2 おかげで　　　　　3 かわりに　　　　　4 うちに

7 荷物が家に届いた（　　　）電話で確かめた。

　　1 からには　　　　2 ことから　　　　　3 かどうか　　　　　4 どころか

8 家の近くを通ることが（　　　　）連絡します。

　1 あるのに　　　　2 あれば　　　　　　3 あるとか　　　　4 あるというと

9 お風呂に入っている（　　　　）電話がかかってきて慌てて風呂場を出た。

　1 かわりに　　　　2 最中に　　　　　　3 たびに　　　　　4 からといって

10 明日の試合は雨が降っ（　　　　）中止となります。

　1 たら　　　　　　2 たところ　　　　　3 たせいで　　　　4 たついでに

11 友達が言った（　　　　）先輩はテストについての情報をよく知っていた。

　1 とおり　　　　　2 といっても　　　　3 として　　　　　4 とともに

12 私はこのニュース（　　　　）くわしく知っている方だ。

　1 につれて　　　　2 に比べて　　　　　3 に関して　　　　4 にしては

13 あの二人はとても楽し（　　　　）に見える。

　1 いはず　　　　　2 いほう　　　　　　3 いまま　　　　　4 そう

問題２つぎの文の ＿★＿ に入る最もよいものを、１・２・３・４から一つえらび
なさい。

___

___

172

14 昨日、手を ＿＿＿ ＿＿＿ ★ ＿＿＿ 診てもらいました。

　　1 しまったので　　2 病院に　　　　　3 やけどして　　　　4 行って

15 A「今日はとても暑いですね。」

　　B「ほんとですね。＿＿＿ ＿＿＿ ＿＿＿ ＿＿＿ ★ しれません。」

　　1 降る前だから　　2 特に　　　　　　3 雨が　　　　　　　4 暑いのかも

16 私が ＿＿＿ ＿＿＿ ★ ＿＿＿ 連絡が来た。

　　1 描いた　　　　　2 コンクールに　　3 入賞したという　4 絵が

17 A「この会社に入った理由は何ですか。」

　　B「仕事の内容が ＿＿＿ ＿＿＿ ★ ＿＿＿ からです。」

　　1 していた　　　　2 一致　　　　　　3 やりたい事と　　4 私が

18 夏休みに家族で海水浴に ＿＿＿ ＿＿＿ ★ ＿＿＿ 。

　　1 出かけて　　　　2 楽しい　　　　　3 過ごした　　　　4 時間を

問題３つぎの文章を読んで、19から23の中に入る最もよいものを、
1・2・3・4から一つえらびなさい。

夏休みの思い出

ようこ

　小学生の頃、夏休みに必ず母親と地域のお祭りに行きました。道に沿って様々
な店が立ち並び、それを見ているとわくわくした気持ちになれるので私はお祭り
が好きです。その中でも一番印象に残っているのは小学４年の夏休みに行った夏祭
りです。そのとき私は、あるゲームのお店に目を引かれ、そのゲームを 19 、
母の袖を引っ張りました。 20 、袖を引っ張った相手が母ではなく、知らな
いおばさんで私は 21 。そのおばさんは笑顔で、「ごめんね、 22 」と言っ
て、近くにいた母に挨拶し、道に戻って行きました。その後、ゲームを母と一緒
にし、金魚すくいもやって帰ってきました。母と一緒に行った夏祭りの思い出は
23 今も宝物です。

19

1　一度しかやらなくて　　　　　　2　一度でいいからやりたくて

3　一度では足りなくて　　　　　　4　一度だけしかできなくて

20

1　そうすることで　　　　　　　　2　それでも

3　そしたら　　　　　　　　　　　4　それだけでなく

21

　1　ビックリしました　　　　　2　感動しました
　3　踊ってみました　　　　　　4　喜びました

22

　1　お母さんじゃないとできなくて

　2　お母さんじゃないからしたくなくて

　3　お母さんなのにする気がなくて

　4　お母さんじゃないからやってあげられなくて

23

　1　私にとって　　　　　　　　2　私にあたって
　3　私にかぎって　　　　　　　4　私につれて

問題4 つぎの文章を読んで、質問に答えなさい。答えは、1・2・3・4から
最もよいものを一つえらびなさい。

（1）

　お菓子を作る時に砂糖は必ず使われます。砂糖は太るというイメージが強い人
も多いと思いますが、砂糖は体のエネルギー源でもあります。太ると思うのは
たくさん取ることが問題であって、まったくとらないのも体によくありません。
砂糖は他の食べ物よりも消化、吸収が早く、運動後のエネルギーを補給するのに
いいと言われています。また、砂糖などが分解してできるブドウ糖（※1）は脳（※2）や
神経を動かすエネルギーになります。こうして考えてみると太ってしまうから、
また、糖尿病（※3）が怖いからなどと考えるのではなく、適切な量をとるように考え
ることが重要だと思います。

（※1）ブドウ糖：糖類の一つ

（※2）脳：頭の中

（※3）糖尿病：糖分の取りすぎでかかる病気

24 砂糖は人間にとってどういうものだと言っているか。

　1 量に関係なく、食べれば太ってしまうもの

　2 適切な量をとれば、体にいい影響を与えてくれるもの

　3 糖尿病の原因になるものなので体によくないもの

　4 エネルギーを補うことにだけ役に立つもの

（2）

　航空法の改正により、飛行機の中で以下の行動は禁止されています。その中でも今回は、マナー(※1)について紹介します。

　まず、飛行機の中で、トイレでタバコを吸うことは、法律で禁止されています。もし、トイレでタバコを吸うと、飛行機の中にある機械が作動し、大変なことになります。1人の問題で済む話ではなくなってくるので、絶対にしないでください。また、誰もが知っている当たり前のことですが、飛行機の中では、携帯電話の電源(※2)は切りましょう。飛行機自体に影響を与えることがあるので、安全面からもルール(※3)を守ってください。最後にシートベルト(※4)は、安全のために付けることが法律で決められています。「シートベルト着用ランプ(※5)」がついている間は、必ずつけておいてください。これらは当たり前のことですが、この当たり前のことができないと人に迷惑をかけることになります。みなさんも気をつけましょう。

（※1）マナー：礼儀、エチケット
（※2）電源：機械などを動かすところ
（※3）ルール：決まり
（※4）シートベルト：安全のために乗り物の座席に固定させるベルト
（※5）シートベルト着用ランプ：シートベルトをしてくださいという合図

25 誰もが知っている当たり前のこととは何のことか。

1　飛行機の中で携帯電話の電源をつけていてはいけないこと
2　飛行機の中でタバコを吸ってもいいこと
3　最近飛行機で問題が起こっていること
4　飛行機の中ではシートベルトを付けたほうがいいこと

（3）

　毎日歯を磨いているのに虫歯になったという経験はありませんか？ 虫歯の予防は歯を磨くだけではなく、虫歯の原因を取り除く(※1)ことと虫歯の進行を止めることが大事です。歯磨きの中では朝や昼よりも夜の歯磨きが最も大切です。虫歯は寝ている間にできやすいので1日の中でも夜の歯磨きはしっかりとし、歯と歯の間の汚れも落としましょう。そして、虫歯の進行を止めるためにはまず食生活(※2)を見直しましょう。初期の虫歯は唾液(※3)で自然になおすことができます。また、寝る前の食事は寝るまでに唾液で自然になおす時間が足りないため完全になおすことができません。そのため、寝る前に食事をすると歯磨きをしても虫歯ができやすくなります。歯磨きは大切ですが、数回の歯磨きだけで虫歯を予防することを考えるのではなく、歯磨きと正しい食生活の両方で虫歯を予防しましょう。

（※1）取り除く：取ってなくすこと
（※2）食生活：生活のなかで食べることに関すること
（※3）唾液：つば

26 どうすれば虫歯を予防できると言っているか。

1 夜の歯磨きがもっとも大切なため、夜の歯磨きだけで虫歯を予防できる。

2 唾液があれば自然になおすことができるため、寝る前に食べても虫歯を
　予防できる。

3 寝る前に食事をしても歯をしっかり磨けば虫歯を予防できる。

4 1日数回の歯磨きと正しい食生活をすれば虫歯を予防できる。

（4）

　人は夜になると自然に眠くなります。それは、体だけではなく、脳も疲れているため、ゆっくり休みたいと感じているからです。また、体の中には体内時計と呼ばれるものがあり、眠るリズムを調節していると言われています。しかし、人が眠くなるのは体や脳が疲れているときだけではありません。あまり疲れていないのに眠くなる場合もあります。例えば、たいくつでおもしろいと感じない話をずっと聞かないといけない場合や、同じことをずっとし続けているときなどにも眠くなる場合があります。それは、体にあまり刺激がないために脳の働きがにぶくなり眠くなると言われています。また、算数の勉強をすると眠くなるというのも、たいくつでおもしろくない話と同じ状態です。でも、この場合はもう少し勉強して算数の勉強がおもしろいと感じるようになれば、眠くならないでしょう。

[27] 人間が眠くなるときはどんな時か。

1 体と脳が疲れているときだけ人は眠くなる。

2 算数の勉強をすると必ず眠くなる。

3 人は脳の働きがにぶることで眠くなる時がある。

4 人はいくらたいくつでも眠くなることはない。

問題5 つぎの文章を読んで、質問に答えなさい。答えは、1・2・3・4から
　　　最もよいものを一つえらびなさい。

（1）

　現在、日本の代表的な宿泊施設と言えば、旅館やホテルです。ここでは、それ
ぞれの施設について説明していきたいと思います。

　まず、旅館にはそれぞれの部屋に畳があり、和風の構えをしています。食事は
もともと宿泊代に含まれ、また、温泉のある旅館では風呂は広いですが共用（※1）
になります。旅館に泊まると、まず、旅館の中で働いている人が一緒に部屋まで
案内してくれ、何も言わなくてもお茶を入れてくれたり、時間になれば部屋へ食
事を持ってきてくれたり、布団の上げ下げもしてくれます。しかし、午後6時ま
でにチェックイン（※2）しないといけない場合が多く、夜遅くまで観光したいとい
う人には向きません。

　ホテルの場合は、宿泊者が何も言わない限り、部屋に入ってくることはありま
せん。また、予約する時に食事は必要かどうかを選択できます。食事の有無で宿
泊の値段は変わりますが、チェックインは好きな時間にできるので遅くまで観光
することができます。どちらも旅の計画にあわせて使い分ける（※3）と楽しく利用
することができます。

（※1）共用：二人以上が一緒に使うこと

（※2）チェックイン：到着して宿泊の手続きをすること

（※3）使い分ける：場合・目的などに応じて選んで使うこと

28 ホテルのいいところはどんなところだと言っているか。

1 チェックインの時間が決められていないところ

2 温泉があって広い風呂が使えるところ

3 お茶を入れてくれるところ

4 食事は自分の好きなものを食べられるところ

29 旅館の悪いところはどんなところだと言っているか。

1 食事が決められていること

2 布団の上げ下げを自分でしなくてはいけないところ

3 夜遅くまで観光できないところ

4 部屋の中にお風呂がついているところ

30 宿泊施設をどのように選ぶとよいと言っているか。

1 お風呂にゆっくり入りたい人は旅館に泊まるとよい。

2 食事のいらない人は旅館に泊まるとよい。

3 自分の予定によってホテルと旅館を分けるとよい。

4 ホテルも旅館も使ってみて選ぶとよい。

（2）

　子どもがよく書く日記に「〇〇へ行きました。楽しかったです。」というのがある。この日記をお母さんが見て、「楽しかったしかないの？　ほら、他にも感じたことや思ったこと、もっとあるでしょ。」と聞く。それは確かに「楽しかった」も思ったことの一つであるが、あまりにあっさり(※1)していると「どう思ったの？」と親が聞きたくなるのも無理はない。しかし、①この質問への答えは難しい。「思う」というのは心の反応であり、言葉に表しにくい。そのような場合は、子どもに「どう思ったの？」と聞くより「五感対話」をしてみるといい。「〇〇へ行った」というその〇〇に応じて五感(※2)の一つ一つ、見たこと、聞いたこと、におったこと、触れたこと、味わったことを子どもにたずねてみる。きっとそれなら子どもは嫌がらずに楽しそうに話をするだろう。そんなやりとりをする間に「みんなは生き生きしていたよ」などと、どう思ったかの答えを自然と口にするだろう。

（※1）あっさり：簡単である
（※2）五感：見る、聞く、におう、味わう、触るの五つの感覚

31 ①この質問への答えは難しいとあるが、それはなぜか。

1 感情は言葉にするのが難しいから

2 自分でも自問してしまうから

3 脳が反応するから

4 答えがないのに親が聞いてくるから

32 親に五感対話はなぜいいと言っているか。

1 五感について楽しく会話することで、子どもが自分の自然な感情を言葉にしやすくなるから

2 五感について子どもとやりとりすると子供が親の話を聞いてくれるから

3 五感で感じた事しか、子どもが話すことができないから

4 五感について親子で話すことでお互い今まで出せなかった感情を出すことができるから

33 子どもが自分の考えを自然と話すことのできる質問はどれか。

1 昨日のキャンプはどうだった？

2 キャンプは楽しかった？

3 キャンプに行ってどう思ったの？

4 キャンプで作ったカレーはどんな味だった？

問題6 つぎの文章を読んで、質問に答えなさい。答えは、1・2・3・4から
　　　最もよいものを一つえらびなさい。

　買い物は、買い物の仕方や買い物の交通手段で上手に節約することができます。い
つも買い物に出かける時は車で行くという人、自転車でしか行かないという人、中に
は歩いてしか行かないという人もいるでしょう。いつも車を使っているなら、車をや
めるとガソリン代の節約になります。しかし、それだけでは上手な買い物にはつなが
りません。①買い物の量や方法に合わせて、交通手段も考えてみるとよいでしょう。
例えば、まとめ買いをするときやかさばる（※1）もの、お米などの重たいものを買うと
きには車があると便利です。しかも車を使うと、買い物をした物の重さが苦になら
ず、いくらでも持って帰れるのです。でも、自分で持たなくてもいいと思うと、あれ
もこれもと必要以上のものを買ってしまうことになりがちです。ガソリン代のことを
考えれば、お米や飲み物など重くてかさばる物は、配達を頼んだり、通販（※2）を利用
するなど、自宅に届けてもらう方がいいでしょう。それと②同じ理由で、スーパーの
カート（※3）を使うと買う商品の重さが感じにくいため、できるだけカートを使わない
ようにするのも、③無駄なものを買わないようにする方法の1つです。自転車やバイ
クもなかなか便利ですよね。車ほどではないですが、買い物したものをある程度乗せ
ることができます。それに、自転車やバイクの一番いいところは小回り（※4）がきくと
ころでしょう。少しでも安いものを買うためにスーパーを何軒も回るという人も多い
でしょう。駐車場がないスーパーでも、駐輪場はどのスーパーにもあるものです。毎
日買い物に行く人や、今日はこれだけしか買わないと決めている時は、④歩いて行く
ことが一番です。歩いて行くと、手に持てる量が決まるので、必要なものしか買わな
くなります。かさばったり、重たいものを買うことも少なくなるでしょう。

（※1）かさばる：邪魔になるほど物が大きい
（※2）通販：通信販売
（※3）カート：店にある小型の手で押すもの
（※4）小回り：早く動くこと

34 ①買い物の量や方法に合わせて、交通手段も考えてみるとよいでしょうとあるが、なぜ考えなければならないのか。

1 交通手段を失敗すると買った荷物が楽に早く運べない場合があるから

2 交通手段を失敗すると買い物が上手だと言えないから

3 交通手段を失敗すると他の人よりも多く買うことができないから

4 買い物が上手でも交通手段を失敗すると節約できない場合があるから

35 ②同じ理由とあるが、どんな理由か。

1 必要なもの以外を買わないようにする。

2 自分で持たなくていいようにする。

3 持って帰れる量を増やすようにする。

4 軽いものだけを買うようにする。

36 ③無駄なものを買わないようにする方法とあるが、この方法の特徴について正しく説明しているのはどれか。

1 重さに関係なく通販を利用する。

2 カートをできるだけ使わないようにする。

3 できるだけ車で買い物に行くようにする。

4 できるだけバイクで買い物に行くようにする。

37 ④歩いて行くこととあるが、歩くことの長所は何か。

1 手で持って帰らなければならないので、運動になる。

2 手で持って帰らなければならないので、軽いものだけをたくさん買うことができる。

3 手で持って帰らなければならないので、その時にいるものだけを買うことができる。

4 手で持って帰らなければならないので、毎日買い物に行かなくなり節約できる。

問題7 つぎの文章は、クラスでボランティアに参加する人を募集するための案内
　　　である。下の質問に答えなさい。答えは、1・2・3・4から最もよい
　　　ものを一つえらびなさい。

　アキナさんは、夏休みにボランティアに参加したいと考えています。できれ
ば直接人と接することを思っています。
　アキナさんは夏休み中、10時から12時まで特別授業を受ける予定です。

---

38 アキナさんがしたいと思っている仕事はどれか。

1（1）と（4）

2（2）と（3）

3（2）と（4）

4（1）と（3）

39 アキナさんができる仕事はどれか。

1（2）と（3）

2（1）と（4）

3（1）と（2）

4（3）と（4）

ボランティア参加のお知らせ

● 期間 … 8月1日(月) 〜 8月30日(木)

● 説明会 … 7月25日(火)の午後2時から学校の大教室で説明会をします。

● 申し込み方法 … 7月25日から7月30日までの間に、申込書に必要な
　　　　　　　　ことを書いて、学生課(がくせいか)に出してください。申込書は学生
　　　　　　　　課においてあります。

● 場所と内容

場所	時間	内容
（1）市民センター	11時〜1時	センター内の掃除
（2）老人ホーム	10時〜3時	お年寄りのお世話
（3）キイロ公園	8時〜9時	公園内のごみをひろう
（4）アオ小学校	16時〜17時	子供たちに勉強を教える

모의고사

제2회

言語知識(文法)・読解

問題1 つぎの文の（　　　）に入れるのに最もよいものを、1・2・3・4から
一つえらびなさい。

1 あなたに私の気持ちなんて（　　　）。

  1 分かりっこない　　　　　　　　2 分かるしかない

  3 分かりっぽい　　　　　　　　　4 分かることはない

2 体の具合が悪い（　　　）、今日学校を休んでもいいよ。

  1 わりに　　　　2 というより　　　3 ようなら　　　4 ついでに

3 帰ってきた（　　　）家の電話が鳴った。

  1 として　　　　2 にしては　　　3 ばかりで　　　4 とたんに

4 人口が増加する（　　　）食べ物が不足してくる。

  1 につれて　　　2 なんて　　　　3 ついでに　　　4 くせに

5 入院している間は、酒（　　　）タバコも吸わないようにしてください。

  1 もかまわず　　2 をめぐって　　3 に対して　　　4 はもちろん

6 今日は冬（　　　）暖かい日だった。

  1 によっては　　2 に関しては　　3 にしては　　　4 については

7 この機械は水に強い（　　　）、熱に弱い。

  1 最中　　　　　2 気味　　　　　3 上　　　　　　4 反面

8 息子にはいつも暗くならない（　　　）帰ってきなさいと言っている。

1 かわりに　　　　2 うちに　　　　　　3 からこそ　　　　4 ついでに

9 彼の言うことは嘘が多いので信じ（　　　）。

1 がたい　　　　　2 ようではないか　3 ようとする　　　4 っぽい

10 私の言った（　　　）しないからこんなことになるのよ。

1 としても　　　　2 ほどの　　　　　3 わりに　　　　　4 とおりに

11 テニス部に入部し（　　　）、一回もクラブを休んだことがない。

1 ていては　　　　2 てこそ　　　　　3 て以来　　　　　4 てでも

12 たとえお金は（　　　）、家族で力を合わせれば幸せに生きることができる
はずだ。

1 ないやら　　　　2 ないたび　　　　3 なくても　　　　4 ないなど

13 自信があると言っていた（　　　）テストの成績が良くなかった。

1 ばかりで　　　　2 ように　　　　　3 にかわり　　　　4 わりには

問題2 つぎの文の ___★___ に入る最もよいものを、1・2・3・4から一つえらび
なさい。

(問題例)

つくえの ____ ____ _★_ ____ あります。

1 が 　　　　　　　 2 に 　　　　　　　 3 上 　　　　　　　 4 ペン

(解答の仕方)

1. 正しい文はこうです。

つくえの _____	_____	_★_	_____ あります。
3 上	2 に	4 ペン	1 が

2. ___★___ に入る番号を解答用紙にマークします。

(解答用紙) (例) ① ④ ③ ●

192

14 客が ＿＿＿ ＿＿＿ ★ ＿＿＿ 、店の人気は高くなる。

1 来れば　　　　　2 ほど　　　　　　3 多く　　　　　　4 来る

15 A「はじめまして、山田と申します。」

B「はじめまして、川崎と申します。＿＿＿ ＿＿＿ ★ ＿＿＿。」

1 です　　　　　　2 かかれて　　　　3 うれしい　　　　4 お目に

16 彼女は ＿＿＿ ＿＿＿ ★ ＿＿＿ 連絡をくれなかった。

1 きり　　　　　　2 一回　　　　　　3 も　　　　　　　4 引っ越した

17 A「おいしそうな料理ですね。」

B「味には自信がありませんが、＿＿＿ ★ ＿＿＿ ＿＿＿ 召し上がってください。」

1 たくさん　　　　2 心を　　　　　　3 作ったので　　　4 こめて

18 日本は ＿＿＿ ＿＿＿ ★ ＿＿＿ 食べ物を輸入している。

1 たくさんの　　　2 として　　　　　3 はじめ　　　　　4 米を

問題3つぎの文章を読んで、 19 から 23 の中に入る最もよいものを、
1・2・3・4から一つえらびなさい。

小学校の思い出

なおこ

　小学校の思い出として一番心に残っているのは、低学年の頃の学芸会(※)で劇
をしたことです。何の劇かは忘れたけれど、私は他にもたくさんいる鳥の役
でした。他の鳥の役の子達は、みんな鳥の姿のお面をつけていたのに、 19
鳥の顔のお面でした。こんな変なお面を作る予定じゃなかったのに、父が
「鳥のお面なんだからこうしろ。」と頼んでもいないのに、強引に私のお面を
20 。

　こんなの誰も鳥に見てくれないよ、 21 学校へ持って行ったら、 22 私
のだけ変なお面。もうステージに上がるのがはずかしくて、できるだけ目立
たないようにしていた記憶があります。 23 、今考えると楽しくて大事な思
い出のひとつです。

（※）学芸会：小学校で、生徒が音楽や劇などを発表する会

19

  1 私だけではなく　　　　　　　　2 私のかわりに

  3 私一人だけ　　　　　　　　　　4 私以外のみんなが

20

  1 作ることになっているのです　　2 作るおそれがあるのです

  3 作るせいです　　　　　　　　　4 作ってしまったのです

21

  1 美しいと思いながら　　　　　　2 さびしいと思いながら

  3 忙しいと思いながら　　　　　　4 はずかしいと思いながら

22

  1 やっぱり　　　2 こうして　　　3 こんなに　　　4 そして

23

  1 そのため　　　2 しかし　　　　3 ところで　　　4 特に

問題4 つぎの文章を読んで、質問に答えなさい。答えは、1・2・3・4から
　　　　最もよいものを一つえらびなさい。

（1）

　よく、「目立ちたがり屋」という言葉を耳にしますが、目立ちたがり屋とはどう
いう人のことを言うのでしょうか。

　目立ちたい人の深層心理(※1)を考えてみると、本人はそう思っていなくてもリー
ダーシップ(※2)的な存在になりたいという心理が脳のどこかで働いているのでは
ないでしょうか。また、リーダーシップ的な存在になりたいと思っている人は、
目立った(※3)存在になる時にまったく緊張(※4)せず、とてもいい気分になっている
と考えられます。

　逆に何かをしようとしてもすぐに緊張してしまう人は、目立つ事がきらい、ま
たは目立つことが苦手な人が多いです。緊張してしまうのは、他の人の注意ばか
りを気にしてしまい、集中力も低下して頭があまり働いていないからだと思いま
す。

（※1）深層心理：人の心の深い部分
（※2）リーダーシップ：教える人としての能力
（※3）目立つ：人の目につくこと
（※4）緊張：初めて何かをするときに頭の中がしろくなり、体がかたくなるこ
　　　　　　　と

24 この文章で緊張してしまう人が、緊張してしまう原因は何だと言っているか。

　1 人の前にいることがとてもきらいなこと
　2 人の前にいるとき、頭が痛くなること
　3 人の前にいるとき、とても気分がいいこと
　4 他の人のことを気にしすぎること

（2）

　日本では夏になると、相手の健康を気遣ったり(※1)、自分の現在の状況をお知らせする挨拶文の「暑中見舞い(※2)」を葉書に書いて友人や知人に送る風習(※3)があります。しかし、最近では携帯電話やパソコンがあるため、必要ないと考える人も多く、あまり見かけなくなりました。でも、今の時代だからこそ、手書きで書かれた葉書にとても魅力を感じます。葉書に書く最初の挨拶文はほぼ決まっていますが、それ以外の文章は送る相手によって変えればいいのでそれほど難しく考えなくてもいいです。文章を書くのが苦手な人は、絵の付いた葉書を選ぶか、または、自分で絵を描いたり、はんこを押したりすれば文章も少しですみますし、絵のおかげで明るいイメージに見えるでしょう。なによりも、葉書を出したいという気持ちがあれば、どのような言葉でも相手に伝わるのではないかと思います。

（※1）気遣う：心配する
（※2）暑中見舞い：夏の暑い時に友人、知人などへ安否をたずねること
（※3）風習：習慣

25　本文によると、暑中見舞いに書く内容で違うものはどれか。

　1　お祝いの言葉

　2　相手の現在の状況

　3　自分の現在の状況

　4　最初の挨拶文

（3）

　猫カフェとは、猫と同じ空間（くうかん）でお茶を飲みながらくつろぎ、猫とふれ合う（※1）ことができる喫茶店のことです。このカフェの特徴（とくちょう）は、家で猫が飼（か）えない人でも気軽（きがる）に猫とふれ合える、なかなか実物（じつぶつ）を見ることができないような色々な種類（しゅるい）の猫を見ることができる、猫とふれ合うことで心が癒（いや）されるなどがあります。また、最近では新しい飼い主（かぬし）（※2）を探すことを目的（もくてき）とした猫カフェもあります。そして、これらの猫カフェを利用する場合にもマナーは必要です。猫カフェでは猫と遊べますが、基本的（きほんてき）に猫に餌（えさ）をあげることはできません。これは猫の健康を守るためであり、無理にあげてはいけません。しかし、中には1日限定（げんてい）で何食（なんしょく）といった猫用のおやつ（※3）を販売（はんばい）しているカフェもありますので、餌をあげたい場合はお店の人に確認しましょう。

（※1）ふれ合（あ）う：互いに近づいて仲良くする
（※2）飼（か）い主（ぬし）：動物を飼う人
（※3）おやつ：ご飯とご飯の間に取るもの、間食

26　猫カフェの特徴は何か。

　1　お茶を飲みながら猫を遠くから見ることができる。
　2　猫に餌をあげたり散歩に連れて行くことができる。
　3　猫とふれ合いながらお茶を飲むことができる。
　4　好きな猫を無料で引き取ることができる。

（4）

　人間のかみの毛は約10万本あると言われています。1日で0.2～0.3mmずつのび(※1)、1ヶ月で約1～2cmのびることになります。しかし、面白いことに、かみの毛は、1日ずっと同じ速さでのびるわけではありません。1日のうちにのびる時間とのびない時間があります。かみの毛がのびる時間は夜よりも朝で、しかも午前10時から12時くらいの間が一番よくのびると言われています。そのあと、のびるスピードがだんだんおそくなるのですが、午後4時から6時ごろになると、またのびるスピードが速くなります。そしてそのあと、またおそくなり午後10時ごろになると、ほとんどのびないそうです。また季節では5～6月が最ものびるそうですが、どうしてこのようなのび方をするのかはまだよく分かっていません。

（※1）のびる：成長して長くなること

27 かみの毛が一番よくのびるのはいつか。

1　午前6時ごろ

2　午前10時から12時ごろ

3　午後4時から6時ごろ

4　午後10時ごろ

問題5 つぎの文章を読んで、質問に答えなさい。答えは、1・2・3・4から最もよいものを一つえらびなさい。

（1）

　今のゲームは、コンピュータ技術の発達により、本物とまちがえるほどの絵と音を作り出すことができる。さらに最近では、1つのゲームをクリア(※1)するのに何十時間もかかるゲームが増え、何時間も熱中(※2)してゲームを続けることができるように作られている。ゲームは、目で見て指でボタンを押すといった体のごく一部を使い、ひとりで遊ぶゲームが多く、みんなで一緒に楽しく遊べるゲームはほとんどない。そして、ゲームの中では、ビルの屋上から屋上へ飛ぶことができるなど、現実の世界では決してできないことが簡単にできてしまうのが、ゲームの楽しみの一つと言えるだろう。

　しかし、子どもが成長していく間は、まわりの人と接し「目で見て、耳で聞いて、鼻でにおいを感じて、さわって、走って、話して」というように、体のいろいろな場所を使って心が成長するものである。たとえば、家の中でひとりでゲームをするより、晴れた日に公園の砂場で誰かと遊ぶ方が体全体を使うことができるが、ゲームでは目と手といった体の一部分しか使わないことが多い。子どもの心と体の成長のためには、ゲームは時間を決めて適度(※3)にするほうがよいでしょう。

（※1）クリア：成功すること
（※2）熱中：ひとつのことを一生懸命すること
（※3）適度：ちょうど良いこと

200

28 ゲームの悪い点はどんなところだと言っているか。

1 目と指だけがつかれてしまうこと

2 一人で家で遊ぶ時間が多くなってしまうこと

3 クリアするまでに時間がかかること

4 ゲームをするとビルの屋上から屋上に飛ばなければならないこと

29 ゲームのいい点はどんなところだと言っているか。

1 適度な時間に遊ぶことができること

2 いろいろな絵や音を作ることができること

3 いつもみんなで遊ぶことができること

4 現実ではできないことができること

30 子どもが成長するためには何が大事だと言っているか。

1 体全体を動かすこと

2 公園の砂場に行くこと

3 晴れた日にだけ外で遊ぶこと

4 公園でみんなでゲームをすること

（2）

　リンゴは赤い実のものが多いですよね。しかし、赤い実のリンゴでも、若い実
は緑色をしているのです。この緑色は、葉の中にある葉緑素(※1)の色で、葉緑素
があるために、実が若いころのリンゴは緑色をしています。しかし、この葉緑素
は、秋になって昼間の時間が短くなったりすると、だんだんこわれてしまい、緑
色が消えていきます。そのかわりに、アントシアニンと呼ばれる色素(※2)が、だ
んだんふえて赤くなります。アントシアニンは太陽の光が当たると増えていく色
素で、これが増えると赤いリンゴができます。また、「赤くなるには、太陽の光が
必要である」ということが分かる、①おもしろい実験(※3)があります。まだ緑色で
木に生ったままの若いリンゴの実に、光を通さない黒いビニールテープをはって
しばらくおきます。リンゴが赤くなったころにテープをはがす(※4)と、テープの
下は緑色のままで、赤い色のリンゴに、緑のテープのあとがはっきり残ります。
これは、リンゴは太陽の光が当たることで赤くなることの証拠(※5)なのです。

（※1）葉緑素：植物の中にある緑色の色素

（※2）色素：色のもとになる物質

（※3）実験：物事が合っているか確かめるためにやってみること

（※4）はがす：くっついているものを取ること

（※5）証拠：事実を事実だと分かるようにするもの

31 緑色はどうなると消えるか。

1 葉緑素がこわれると消える。

2 秋になると消える。

3 太陽の光があたると消える。

4 黒いビニールテープをはると消える。

32 リンゴが赤くなるのに必要なものはどれとどれか。

1 葉緑素とアントシアニン

2 太陽の光と葉緑素

3 アントシアニンとビニールテープ

4 太陽の光とアントシアニン

33 ①おもしろい実験とあるが、この実験の結果はどうなったか。

1 ビニールテープをはっているところもはっていないところも緑色だった。

2 ビニールテープをはっているところだけ緑色だった。

3 ビニールテープをはっているところだけ赤色だった。

4 ビニールテープをはっているところもはっていないところも赤色だった。

問題6 つぎの文章を読んで、質問に答えなさい。答えは、1・2・3・4から
　　　最もよいものを一つえらびなさい。

　むかし、とてもけちな和尚（※1）さんがいました。もらったものは自分ひとりで
食べて小僧（※2）には一つもあげませんでした。①小僧は悔しがり、いつかすきを
見つけて和尚さんからおいしいものをとりあげてやろうと考えていました。あ
る日、和尚さんは檀家（※3）から、とてもおいしいあめをもらいました。和尚さん
はそのあめをそっと仏壇の下にかくして、こっそりとひとりでなめていました。
ところがある日、和尚さんは、用事があって外へ出て行きました。出て行くとき
に、和尚さんは小僧に、「この仏壇の下には、だいじなものが入っている。見か
けはあめのようだけれど、ほんとうは、一口でもなめたら、ころり（※4）と死んで
しまうひどい毒薬（※5）だ。②命が惜しいと思ったら、けっしてなめてはならない
ぞ。」と言って出て行きました。和尚さんが出て行った後、小僧はさっそく仏壇の
下からあめをとり出して、全部あめをなめてしまいました。それから和尚さんの
大切にしている湯飲みを、わざと真っ二つに割り、布団をかぶって、うんうんう
なりながら、いまにも③死にかけているようなふりをしていました。夕方になっ
て、和尚さんが帰って来てみますと、中は真っ暗で、明りもついていませんでし
た。和尚さんはおこって、「こらこら、小僧、何をしている。」とどなりました。
すると小僧は布団の中から、④虫の鳴くような声を出して、「和尚さん、ごめんな
さい。わたしは死にます。もうとても助かりません。死んだあとは、かわいそう
だと思って、お経（※6）の一つでも読んで下さい。」和尚さんは、小僧にそのような
ことをいわれて、とてもびっくりしました。

（※1）和尚：寺に住んで働く人
（※2）小僧：寺に住む子ども
（※3）檀家：お寺について寺の維持や管理などを助ける人
（※4）ころり：急に変化するさま
（※5）毒薬：飲むと死ぬ薬
（※6）お経：仏の説いた教えを記したもの

34 ①小僧は悔しがりとあるが、なぜ悔しがったのか。

1 何かもらっても和尚は小僧に一言も言わないから

2 和尚はもらったものを自慢しながら小僧に見せるから

3 和尚がけちな人でいつも小僧には一つもくれないから

4 和尚が自分の目の前でおいしそうに食べるから

35 ②命が惜しいと思ったら、けっしてなめてはならないぞとあるが、何のため
に和尚はそう言ったか。

1 小僧にあめを食べられてしまわないようにするため

2 毒入りのあめで食べると死んでしまうため

3 小僧が勝手に何でも食べてしまうため

4 小僧はあめが大好きですぐに食べるとなくなってしまうため

36 ③死にかけているようなふりとあるが、小僧はなぜそのようなふりをしたの
か。

1 わざと湯飲みを割ったが、和尚に怒られたくないから

2 あめを全部食べてしまい、和尚にあめを食べたら死ぬと言われていたから

3 布団をかぶっていると息ができなくなってしまったから

4 あめがあまりにもおいしくて全部たべてしまったから

37 ④虫の鳴くような声とあるが、この例として合っているものはどれか。

1 山で叫ぶような大きな声

2 ほとんど聞こえないような小さな声

3 挨拶する時の元気な声

4 人の笑い声

問題7 つぎの文章は、クラスで日本の文化を学ぶ人を募集するための案内である。下の質問に答えなさい。答えは、1・2・3・4から最もよいものを一つえらびなさい。

　アリスさんは、県民センターで日本の文化を学びたいと考えています。
　アリスさんは平日の午前中は日本語学校に行っていて、使える費用は1,000円までです。

---

38 アリスさんが、習えるものはどれか。

1 （1）と（5）

2 （2）と（3）

3 （1）と（4）

4 （2）と（5）

39 アリスさんは、いつまでに申し込まなければならないか。

1 9月15日

2 9月20日

3 10月2日

4 10月10日

外国人のみなさん、日本の文化について勉強してみませんか

● 場所 … センター

● 目的 … 日本文化を広めようの会

● 説明会 … ９月20日(火)の午後１時から県民センターで説明会をします。

● 申し込み方法 … ９月１日から９月15日までの間に、申込書に必要なことを書いて、県民センターに出してください。申込書は県民センターにおいてあります。

● 期間 … 10月２日から10月10日まで行います。

● 日時と内容

題名	時間	費用
（１）お茶	10／2 （月）14時〜16時	500円
（２）きもの	10／4 （水）10時〜3時	1000円
（３）折り紙	10／6 （金）8時〜9時	無料
（４）書道	10／8 （日）16時〜17時	400円
（５）舞踊 （日本式ダンス）	10／10 （火）13時〜15時	1200円

모의고사

제3회

言語知識(文法)・読解

問題1つぎの文の（　　　）に入れるのに最もよいものを、1・2・3・4から
一つえらびなさい。

1 彼は出ていった（　　　）帰って来なかった。

   1 おかげで　　　　2 きり　　　　　　　3 とたんに　　　　　4 やら

2 今日が人でいられる最後の日だ（　　　）何をしたいですか？

   1 としたら　　　　2 というより　　　　3 といっても　　　　4 というのは

3 彼女は人が見るの（　　　）、大きな声で泣き出した。

   1 でさえ　　　　　2 もかまわず　　　　3 にかわって　　　　4 をきっかけに

4 この家の汚さは信じ（　　　）ものだった。

   1 気味の　　　　　2 がちの　　　　　　3 るわりの　　　　　4 がたい

5 今日風邪で体が辛いから私の（　　　）犬の散歩、行ってきてくれない？

   1 おかげで　　　　2 かわりに　　　　　3 くせに　　　　　　4 ついでに

6 テレビを見ている（　　　）電話がかかってきた。

   1 からといって　　2 ばかりで　　　　　3 たびに　　　　　　4 最中に

7 我がデパートはいつもお客様（　　　）成長していきたいと思っています。

   1 のついでに　　　2 こそ　　　　　　　3 とともに　　　　　4 としても

8 この公園では暖かくなる（　　　　）たくさんの花を楽しむことができる。

1 に比べて 　　　2 によって 　　　3 につれて 　　　4 にしては

9 こんな簡単な問題、間違え（　　　　）。

1 るに決まっている 　　　　　　　2 ようがない

3 になれる 　　　　　　　　　　　4 るのも当然だ

10 生徒が心（　　　　）作ったプレゼントに先生はとても喜んでいたようだった。

1 おきに 　　　2 に関して 　　　3 をこめて 　　　4 だらけで

11 この道は車（　　　　）、自転車も通行してはいけません。

1 はもちろん 　　　2 を問わず 　　　3 を中心にして 　　　4 をめぐって

12 この店は高い（　　　　）あまりおいしくないと雑誌に書かれていた。

1 うちに 　　　2 わりに 　　　3 くらい 　　　4 からこそ

13 いい文章を書く（　　　　）たくさんの本を読む必要があると思う。

1 など 　　　2 せいか 　　　3 とおりに 　　　4 には

問題2 つぎの文の ___★___ に入る最もよいものを、1・2・3・4から一つえらびなさい。

---

14 明日は家の大掃除をすることになったので私も自分の ＿＿＿ ＿＿＿ ★＿＿ ＿＿＿。

1 片付ける　　　2 つもりだ　　　3 きれいに　　　4 部屋を

15 A「今日のパーティー、楽しかったです。」

B「今日は遠い ＿＿＿ ＿＿＿ ★＿＿ ＿＿＿ ございました。」

1 所を　　　2 いただいて　　　3 おいで　　　4 ありがとう

16 小さいことを ＿＿＿ ＿＿＿ ★＿＿ ＿＿＿ できないと父に言われた。

1 何も　　　2 いちいち　　　3 していては　　　4 気に

17 A「では、よろしくお願いします。」

B「はい、＿＿＿。＿＿＿ ★＿＿ ＿＿＿。」

1 山田　　　　　　　　　　　　2 かしこまりました

3 うけたまわりました　　　　　4 が

18 会社の先輩にそこまで ＿＿＿ ＿＿＿ ★＿＿ ＿＿＿ 仕事はできないと言われた。

1 意志を　　　2 一緒に　　　3 通すようなら　　　4 自分の

問題3 つぎの文章を読んで、[19]から[23]の中に入る最もよいものを、
1・2・3・4から一つえらびなさい。

　僕の娘は小学4年生になり、そろそろ得意なものと不得意なものが出てきた
ようだ。[19] 言うと、学校の科目では国語や社会は得意で、理科は不得意
だ。不得意なものを得意にさせようと思い、嫌だと言う娘を捕まえて練習させ
たりする。特に理科は考える力もつくので [20] よくない。ただ、時間は決
まっているので理科に時間をかけすぎると得意な国語を勉強する [21] 。勉
強しない間に国語が得意ではなくなってしまってもダメだと困っていた時、
妻に言われた。自分の不得意を気にして得意にしようとするより、「私はこん
なことが得意です」と [22] 言えるようにそこを伸ばす方がずっと楽しいし、
色々な可能性が生まれると思うと。[23] 、その通りだと私は思った。

19

1 具体的に　　　　　　　　　　2 効果的に

3 世界的に　　　　　　　　　　4 基本的に

20

1 不得意なわりには　　　　　　2 不得意なままだと

3 得意なわりには　　　　　　　4 得意なままだと

21

1 時間は必要がない 　　　　　2 時間を作ろうとする
3 時間が無くなってしまう 　　　4 時間があるといけない

22

1 力を借りて 　　　　　　　2 お金をかけて
3 意見を合わせて 　　　　　4 自信を持って

23

1 なになに 　　　　　　　2 そんな
3 だけど 　　　　　　　　4 なるほど

問題4 つぎの文章を読んで、質問に答えなさい。答えは、1・2・3・4から
最もよいものを一つえらびなさい。

（1）

「大学といえば学食(※1)」。安くておいしく、栄養のバランスもいい。そして、学生にとっては食事以外にも、サークルや友人たちと集まる大事な場所で、受験生も興味を持っている。大学側も、ご当地(※2)メニューを考えたりして学生が喜んでくれるような味を出せるように工夫している。また、朝ご飯を食べてこない学生のために、特別に朝だけのメニューを作ったり、カロリー(※3)の表示や栄養の表示などを行い、健康への配慮を行っている大学もある。

（※1）学食：大学の中に作られた食堂

（※2）ご当地：他の土地の人が訪問した土地のことを言う時に使う

（※3）カロリー：熱量の単位

24 この文の中で学食はどういう場所だと言っているか。

　1 食事をするだけの場所

　2 朝ごはんを食べていない学生だけが来ることができる場所

　3 学校があまり力を入れていない場所

　4 食事をするだけでなく学生が集まって楽しむ場所

（2）

①人は一人では生きていくことはできないとよく言いますが、私はずっと「そうではない」と思っていました。自分のことは自分でできるし、一人でも生きていけると思っていました。でも、最近は、一人では生きていけないと思うようになりました。一人で生きているつもりでも、誰かに助けてもらったり、また、誰かを助けてあげたりしていると感じるからです。それらは友達であったり、家族であったり、仕事の仲間(※1)であったり、いろんな人と接して、さまざまな感情(※2)をもつと人は誰かと一緒に生きているんだと感じます。

（※1）仲間：おなじ物事をする人の集まり
（※2）感情：物事に感じて起こる気持ち

25 ①人は一人では生きていくことはできないとあるが、それはなぜか。

1 自分のことは何でも一人でできるから

2 一人で生きていてもつまらないから

3 人は誰かと支え合って生きているから

4 誰かに助けてもらうことはできないから

（3）

　テーブルマナーと聞くとフォークとナイフの使い方と思う人もいるかもしれません。しかし本来はまわりへの気づかい(※1)や大人としてのたしなみ(※2)を言います。一緒に食事している人に迷惑や不快感を与えることなく、お互いに楽しく食事をするためのルールだと考えると良いでしょう。しかしテーブルマナーは国によっても違います。日本では器を手に持って食事をしますが、これは他の国と比べると珍しい文化です。食事の基本的なルールは、食べるスピードが自分だけ早かったり遅かったりしないようにコントロールすることが大切です。

（※1）気づかい：心配したり、あれこれと心をつかうこと

（※2）たしなみ：心がけ

26 本文の中でテーブルマナーとは本来どういうものだと言っているか。

　1 テーブルマナーは日本だけの文化であり、器は手に持って食事をするもの

　2 自分の好きなものだけを食べて嫌いなものは人にあげてもよいもの

　3 周りの人が不快にならないように気づかい、お互いに楽しく食事をするもの

　4 フォークとナイフの使い方のことを言い、正しく使わなければならないもの

（４）

　私たちの住んでいる家の中や外には、いろいろな虫がいます。その虫の中には土の中で枯れ葉(※1)などを自然に戻す働きをする虫や絹の糸を作る虫など、人の生活の役に立っている虫もいます。しかし、それらの虫の働きをなかなか見ることはありません。それよりも人の血を吸う虫や服や本に穴をあける虫など人の生活に悪い影響を及ぼす(※2)虫の方をよく見ると思います。そのことから人の虫に対するイメージが悪くなっていると言えるかもしれません。

（※1）枯れ葉：死んでしまった木の葉や草の葉
（※2）影響を及ぼす：ある物の力が他のものにまで働くこと

27 この文の中で人の虫に対するイメージが悪いのはなぜだと言っているか。

1　全ての虫が人の生活の役に立っていないから
2　人の役に立っている虫より人に被害を与える虫の方が人と深く関係しているから
3　家の中に虫がたくさんいるから
4　人の生活の役に立っている虫がいなくなってしまったから

問題5 つぎの文章を読んで、質問に答えなさい。答えは、1・2・3・4から最もよいものを一つえらびなさい。

（1）

　星の明るさは、明るい順から1等星、2等星……と等級がつけられています。1等星は空全体で21個しかありませんが、6等星までとなると約6,000個の星があります。もっともこれは街の明かりなどの影響がなく、空気もきれいな場所での話ですので、本当に①理想的な条件で見ることのできる星は約3,000個でしょう。それでもすごい数ですよね。星の明かりはとても弱く、外の灯り(※1)やネオンがある場所ではかき消されてしまい、きれいに見えません。星がきれいに見えるのは、晴れている日、月が出ていない日、湿度(※2)の低いカラっとした日や寒い日です。こういう日は望遠鏡で星を見るときれいに見えます。なぜなら、空気中の水蒸気が少ないと空の透明度が上がるからです。そして、風の強い日や、雨上がりに晴れたときも、思いのほか(※3)たくさんの星が見えることがあります。こういう日は、星だけでなく、遠くの景色が妙に近く見えたりするでしょう？　これは空気中のごみを風や雨が取り去ってくれるからです。実はこういう日は、望遠鏡で星を見たり写真をとったりするのには向きませんが、ただ星を見上げるにはちょうどいいです。

（※1）灯り：照明、明かりのこと
（※2）湿度：空気中にふくまれる水蒸気の割合
（※3）思いのほか：予想と違って

28 ①理想的な条件とあるが、その条件に当てはまらないものはどれか。

1　空気が乾いていて寒い。

2　月が出ていない。

3　外灯やネオンがある。

4　空気がきれい。

29 望遠鏡で星を見るのに向いている日はどんな日か。

1　晴れていて湿度の高い日

2　晴れていて湿度の低い日

3　雨上がりに晴れた日

4　風の強い日

30 本文の内容と合っているものはどれか。

1　街の明かりなどがあればさらに星がきれいに見える。

2　1〜6等星までの約6,000個の星を全て見ることができる。

3　遠くの景色が近くに見える日に望遠鏡を使えば星がきれいに見える。

4　理想的な条件がそろえば星がきれいに見える。

（2）

　野菜や果物などの農産物や穀物(※1)を育てるためにはたくさんの水が必要です。農産物を外国から輸入するということは、外国で作られる時に使われた水も一緒に輸入しているとも言えます。輸入する農産物などを、「もし、それを自分の国で作ったら」と考えたときに必要とされる水のことをバーチャルウォーターといいます。例えば、米1kgを作るのには約3.6トン、牛肉1kgに約20トン、カレー一皿に約1トン、牛丼一杯に約2トンの水が必要と言われています。

　日本国内(※2)での1年間の水の使用量は約870億トンと言われています。そのうち、バーチャルウォーターは約640億トンで、国内の水の使用量の大部分を占めています。そう考えると、私達は他の国の水を消費しながら生活しているということが分かります。これからは水や食料の問題に目をむけ、なるべく国内で作られている物や旬(※3)のものを食べるようにし、少しでも輸入に頼らない(※4)食生活を目指していかなければならないと思います。

（※1）穀物：米や豆などのこと
（※2）国内：その国の中
（※3）旬：食べ物が良くとれて最もおいしい時期
（※4）頼る：人の手を借りようとすること

31 バーチャルウォーターとはどういうものだと言っているか。

1 輸入している農産物を国内で作る時に必要な水の量

2 農産物を輸入する時に必要な水の量

3 同じ農産物を外国で作った時と国内で作った時の水の量の差

4 来年国内で農産物を作るのに必要だと思われる水の量

32 作る時に水が一番たくさん必要な食べ物はどれか。

1 牛肉1kg

2 米1kg

3 カレー一皿

4 牛丼一杯

33 本文の中で私達はこれからどうしていかなければならないと言っているか。

1 輸入に頼りすぎてはならない。

2 国内で使っている水の量を少なくしなければならない。

3 バーチャルウォーターを信じすぎてはならない。

4 バーチャルウォーターを少なくするために国内で農産物を作らないようにしなければならない。

問題6 つぎの文章を読んで、質問に答えなさい。答えは、1・2・3・4から
最もよいものを一つえらびなさい。

「子どもはかわいがって(※1)育てなさい」と、よくいろんな人から言われます。
ある雑誌で一人の女性が自分の体験を書いた記事を見つけたときのことです。「私
は長女として生まれ、幼い時からしっかり者で手のかからない良い子だと言われ
て育ちました。しかし、そんな私も子どもの頃は親に甘えたかったし、弟や妹た
ちのように母親に抱っこしてもらいたいと、いつも心の中で思っていました。でも、"しっかり者のお姉ちゃん"とずっと言われ続けてきた私は、母親に"抱っこし
て！"となかなか言えず、①一人で泣いたこともよくありました。今の私は、結婚
して初めて、人の温もり(※2)や幸福感、安心感というものを知りました。」

　私はこの記事を読んで、②共感(※3)しました。どんなにしっかり者と言われて
も、やはり、子どもは子どもなのです。親に抱っこされてかわいがってもらいた
いのはみな同じなんだと感じました。親に抱かれることにより、子どもは親の愛
情を確かめ、安心感や満足感を受けとることができるのです。そして、愛されて
いるという実感は、生きる力や人を愛するという豊かな感性を養い(※4)育てるこ
とができます。ですから、③子どもは誰でも、かわいがられて育てられるほうが
いいのです。

　子どものころの「かわいがられた記憶」は、その人の人生や心の中にいろいろと
大きな影響を及ぼしてくるのです。

（※1）かわいがる：かわいく思ったり愛すること

（※2）温もり：あたたかみ

（※3）共感：人の意見に自分も同じように感じたりすること

（※4）感性を養う：何かを感じたりする能力をつくりあげる

224

34 ①一人で泣いたこともよくありましたとあるが、それはなぜか。

1 私が抱っこしてほしいと言うと弟や妹たちが泣くから

2 しっかり者のお姉ちゃんと言われていて、素直に言えなかったから

3 母親が弟や妹だけを愛していたから

4 自分が長女でしっかりしていると言われたかったから

35 ②共感しましたとあるが、筆者はどこに共感したか。

1 手のかからない子だと育てられたところ

2 人の温もりや幸福感、安心感を知ったところ

3 友達がいなくて一人で泣いていたところ

4 しっかりしていても抱っこされたいと思うところ

36 ③子どもは誰でも、かわいがられて育てられるほうがいいとあるが、それは
なぜか。

1 子どもを抱っこすることで手のかからない子に育てることができるから

2 母と子どもの生きる力が養われるから

3 親の愛情を確かめなくても親と子は心で通じ合うことができるから

4 抱っこされたい気持ちはどの子どもも同じだから

37 本文の内容と合っているものは何か。

1 子どものころにしっかり者と言われて育つと損だと感じる。

2 子どもの頃のかわいがられた記憶は大人になると忘れるものである。

3 抱っこされたりかわいがられたりすると愛情や感性の豊かな子に育つ。

4 安心感や満足感は子どもの頃に得られなくても結婚すれば必ず得られる。

問題7 つぎの文章は、日本に留学する学生へのクレジットカードの紹介文である。下の質問に答えなさい。答えは、1・2・3・4から最もよいものを一つえらびなさい。

　マリエさんは、来週日本に留学するので、日本でクレジットカードをつくりたいと思っています。マリエさんは現在17歳ですが、日本に行く日が誕生日です。また、マリエさんはEメールアドレスは持っていません。

---

38 日本に行ってマリエさんが申し込めるカードはどれか。

1 （1）と（2）

2 （4）と（5）

3 （2）と（3）

4 （1）と（6）

39 申し込んだ次の日にもらえるカードはどれか。

1 （1）と（3）

2 （2）と（5）

3 （4）と（6）

4 （3）と（6）

日本に留学する学生に便利なクレジットカードの紹介

日本に留学に行く時にクレジットカードを持っていくと安心できます。何か急なときに一枚あればとても便利です。

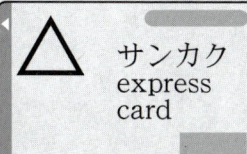  

カードの名前	申し込み対象者 （※1）	発行期間 （※2）	年会費 （※3）
（1）ニコexpress card	18歳以上の方	一週間	2000円
（2）ハートexpress card	18歳以上の女性の方	1日	1300円
（3）ツキexpress card	18歳以下の方	一週間	1000円
（4）サンカクexpress card	18歳以上の方でEメールアドレスをお持ちの方	5日	2500円
（5）タイヨウexpress card	20歳以上30歳未満	1日	3000円
（6）ホシexpress card	30歳以上	6日	5000円

（※1）申し込み対象者：カードを持てる人

（※2）発行期間：カードがもらえるまでの時間

정답

정답

확인문제-1

問題 1
1. 1   2. 2   3. 4   4. 2   5. 2
6. 4   7. 1   8. 4   9. 1   10. 4

問題 2
1. 1   2. 4   3. 1   4. 2   5. 2

問題 3
1. 3   2. 1   3. 4   4. 2   5. 4

확인문제-2

問題 1
1. 3   2. 1   3. 3   4. 3   5. 1
6. 4   7. 3   8. 4   9. 2   10. 4

問題 2
1. 4   2. 3   3. 1   4. 4   5. 1

問題 3
1. 4   2. 1   3. 2   4. 2   5. 1

확인문제-3

問題 1
1. 3   2. 1   3. 4   4. 1   5. 3
6. 2   7. 1   8. 4   9. 4   10. 3

問題 2
1. 2   2. 1   3. 3   4. 1   5. 4

問題 3
1. 3   2. 3   3. 1   4. 4   5. 2

확인문제-4

問題 1
1. 2   2. 1   3. 2   4. 3   5. 3
6. 4   7. 1   8. 4   9. 2   10. 3

問題 2
1. 1   2. 4   3. 2   4. 1   5. 3

問題 3
1. 3   2. 4   3. 1   4. 2   5. 3

확인문제-5

問題 1
1. 3   2. 1   3. 1   4. 4   5. 2
6. 3   7. 4   8. 2   9. 3   10. 1

問題 2
1. 3   2. 2   3. 1   4. 2   5. 4

問題 3
1. 3   2. 2   3. 4   4. 2   5. 1

확인문제-6

問題 1
1. 1   2. 2   3. 2   4. 4   5. 4
6. 3   7. 1   8. 3   9. 1   10. 2

問題 2
1. 2   2. 4   3. 2   4. 1   5. 1

問題 3
1. 3   2. 1   3. 2   4. 1   5. 4

확인문제-7

問題 1
1. 2   2. 4   3. 2   4. 3   5. 1
6. 3   7. 1   8. 4   9. 3   10. 3

問題 2
1. 1   2. 2   3. 4   4. 4   5. 3

問題 3
1. 3   2. 1   3. 4   4. 2   5. 3

확인문제-8

問題 1
1. 4   2. 3   3. 3   4. 2   5. 1
6. 1   7. 2   8. 4   9. 2   10. 3

問題 2
1. 2   2. 2   3. 2   4. 4   5. 4

問題 3
1. 2   2. 4   3. 1   4. 2   5. 3

확인문제-9

問題 1
1. 1   2. 3   3. 2   4. 3   5. 2
6. 4   7. 1   8. 4   9. 2   10. 1

問題 2
1. 2   2. 4   3. 1   4. 4   5. 1

問題 3
1. 3   2. 1   3. 1   4. 4   5. 2

확인문제-10

問題 1
1. 4   2. 2   3. 2   4. 3   5. 1
6. 2   7. 3   8. 1   9. 4   10. 3
11. 2

問題 2
1. 2   2. 1   3. 2   4. 1   5. 4

問題 3
1. 2   2. 3   3. 2   4. 4   5. 1

확인문제-11

問題 1
1. 2   2. 3   3. 2   4. 1   5. 1
6. 3   7. 4   8. 2   9. 4   10. 2
11. 4

問題 2
1. 2   2. 4   3. 2   4. 3   5. 1

問題 3
1. 3   2. 1   3. 4   4. 1   5. 2
6. 1

확인문제-12

問題 1
1. 4   2. 4   3. 2   4. 1   5. 2
6. 1   7. 2   8. 4   9. 2   10. 4
11. 2   12. 2   13. 3   14. 1   15. 3

問題 2
1. 1   2. 4   3. 3   4. 4   5. 1
6. 4   7. 2

問題 3
1. 2   2. 4   3. 3   4. 2   5. 1
6. 1   7. 4

독해

1. 접속사

1-1. 3 1-2. 2 1-3. 1 1-4. 4 1-5. 2
2-1. 1 2-2. 4 2-3. 3 2-4. 4 2-5. 2
3-1. 2 3-2. 1 3-3. 4 3-4. 3 3-5. 1

2. 원인.이유

1-1. 3
2-1. 1
3-1. 3

3. 필자의 주장

1-1. 4
2-1. 1
3-1. 3

4. 내용파악

1-1. 3
2-1. 1
3-1. 4

5. 정보 찾기

1-1. 1 1-2. 2
2-1. 4 2-2. 4
3-1. 3 3-2. 1

유형별 실전연습

問題 4

1-1. 3   2-1. 4
3-1. 2   4-1. 4
5-1. 4   6-1. 3
7-1. 2   8-1. 4
9-1. 1   10-1. 2
11-1. 4   12-1. 2

問題 5

1-1. 1 1-2. 3 1-3. 4
2-1. 2 2-2. 3 2-3. 2
3-1. 2 3-2. 1 3-3. 3
4-1. 1 4-2. 4 4-3. 3
5-1. 2 5-2. 3 5-3. 1
6-1. 3 6-2. 4 6-3. 2
7-1. 4 7-2. 2 7-3. 2
8-1. 3 8-2. 4 8-3. 3

問題 6

1-1. 1 1-2. 3 1-3. 3 1-4. 4
2-1. 4 2-2. 4 2-3. 2 2-4. 2
3-1. 4 3-2. 3 3-3. 3 3-4. 1

問題 7

1-1. 2 1-2. 1
2-1. 4 2-2. 3
3-1. 2 3-2. 4

問題 1
1. 3 2. 1 3. 3 4. 4 5. 2
6. 2 7. 3 8. 2 9. 2 10. 1
11. 1 12. 3 13. 4

問題 2
14. 2 15. 4 16. 2 17. 2 18. 4

問題 3
19. 2 20. 3 21. 1 22. 4 23. 1

問題 4
(1) – 24. 2
(2) – 25. 1
(3) – 26. 4
(4) – 27. 3

問題 5
(1) – 28. 1 29. 3 30. 3
(2) – 31. 1 32. 1 33. 4

問題 6
34. 4 35. 1 36. 2 37. 3

問題 7
38. 3 39. 4

問題 1
1. 1 2. 3 3. 4 4. 1 5. 4
6. 3 7. 4 8. 2 9. 1 10. 4
11. 3 12. 3 13. 4

問題 2
14. 4 15. 3 16. 2 17. 4 18. 2

問題 3
19. 3 20. 4 21. 4 22. 1 23. 2

問題 4
(1) – 24. 4
(2) – 25. 1
(3) – 26. 3
(4) – 27. 2

問題 5
(1) – 28. 2 29. 4 30. 1
(2) – 31. 1 32. 4 33. 2

問題 6
34. 3 35. 1 36. 2 37. 2

問題 7
38. 3 39. 1

問題 1
1. 2   2. 1   3. 2   4. 4   5. 2
6. 4   7. 3   8. 3   9. 2   10. 3
11. 1   12. 2   13. 4

問題 2
14. 1   15. 2   16. 3   17. 4   18. 3

問題 3
19. 1   20. 2   21. 3   22. 4   23. 4

問題 4
(1) – 24. 4
(2) – 25. 3
(3) – 26. 3
(4) – 27. 2

問題 5
(1) – 28. 3   29. 2   30. 4
(2) – 31. 1   32. 1   33. 1

問題 6
34. 2   35. 4   36. 4   37. 3

問題 7
38. 1   39. 2

2교시
모의고사

해답 용지

N3 言語知識（文法）・読解　解答用紙

げんご　ち　しき　ぶんぽう　　　どっかい　かいとうようし

受験番号
Examinee Registration Number

名前
Name

問題 1

	①	②	③	④
1	①	②	③	④
2	①	②	③	④
3	①	②	③	④
4	①	②	③	④
5	①	②	③	④
6	①	②	③	④
7	①	②	③	④
8	①	②	③	④
9	①	②	③	④
10	①	②	③	④
11	①	②	③	④
12	①	②	③	④
13	①	②	③	④

問題 2

	①	②	③	④
14	①	②	③	④
15	①	②	③	④
16	①	②	③	④
17	①	②	③	④
18	①	②	③	④

問題 3

	①	②	③	④
19	①	②	③	④
20	①	②	③	④
21	①	②	③	④
22	①	②	③	④
23	①	②	③	④

問題 4

	①	②	③	④
24	①	②	③	④
25	①	②	③	④
26	①	②	③	④
27	①	②	③	④

問題 5

	①	②	③	④
28	①	②	③	④
29	①	②	③	④
30	①	②	③	④
31	①	②	③	④
32	①	②	③	④
33	①	②	③	④

問題 6

	①	②	③	④
34	①	②	③	④
35	①	②	③	④
36	①	②	③	④
37	①	②	③	④

問題 7

	①	②	③	④
38	①	②	③	④
39	①	②	③	④

N3 言語知識（文法）・読解 解答用紙

言語知識（文法）・読解 解答用紙

受験番号
Examinee Registration Number

名前
Name

< ちゅうい Notes >

1. くろいえんぴつ（HB、No.2）で
かいてください。
Use a black medium soft
(HB or No.2) pencil.

2. かきなおすときは、けしゴムで
きれいにけしてください。
Erase any unintended marks
completely.

3. きたなくしたり、おったりしないで
ください。
Do not soil or bend this sheet.

4. マークれい Marking examples

よい Correct	わるい Incorrect
●	⊘ ◯ ◯ ◯ ⊖ ◯ ⊘ ◯

問題 1

1	①	②	③	④
2	①	②	③	④
3	①	②	③	④
4	①	②	③	④
5	①	②	③	④
6	①	②	③	④
7	①	②	③	④
8	①	②	③	④
9	①	②	③	④
10	①	②	③	④
11	①	②	③	④
12	①	②	③	④
13	①	②	③	④

問題 2

14	①	②	③	④
15	①	②	③	④
16	①	②	③	④
17	①	②	③	④
18	①	②	③	④

問題 3

19	①	②	③	④
20	①	②	③	④
21	①	②	③	④
22	①	②	③	④
23	①	②	③	④

問題 4

24	①	②	③	④
25	①	②	③	④
26	①	②	③	④
27	①	②	③	④

問題 5

28	①	②	③	④
29	①	②	③	④
30	①	②	③	④
31	①	②	③	④
32	①	②	③	④
33	①	②	③	④

問題 6

34	①	②	③	④
35	①	②	③	④
36	①	②	③	④
37	①	②	③	④

問題 7

38	①	②	③	④
39	①	②	③	④

N3 言語知識（文法）・読解　解答用紙
げんごちしき（ぶんぽう）・どっかい　かいとうようし

受験番号
Examinee Registration Number

名前
Name

問題 1

1	①	②	③	④
2	①	②	③	④
3	①	②	③	④
4	①	②	③	④
5	①	②	③	④
6	①	②	③	④
7	①	②	③	④
8	①	②	③	④
9	①	②	③	④
10	①	②	③	④
11	①	②	③	④
12	①	②	③	④
13	①	②	③	④

問題 2

14	①	②	③	④
15	①	②	③	④
16	①	②	③	④
17	①	②	③	④
18	①	②	③	④

問題 3

19	①	②	③	④
20	①	②	③	④
21	①	②	③	④
22	①	②	③	④
23	①	②	③	④

問題 4

24	①	②	③	④
25	①	②	③	④
26	①	②	③	④
27	①	②	③	④

問題 5

28	①	②	③	④
29	①	②	③	④
30	①	②	③	④
31	①	②	③	④
32	①	②	③	④
33	①	②	③	④

問題 6

34	①	②	③	④
35	①	②	③	④
36	①	②	③	④
37	①	②	③	④

問題 7

38	①	②	③	④
39	①	②	③	④

저자 약력

▶ 이종권

현) 이종권일본어학원 원장

일본문부성 국비장학생

1991년 이후 일본어 교육에 종사

국내 최초 일본유학시험(EJU)반 개설 운영 중

현재 NEW(신)일본어능력시험반과 일본유학시험반 강의 중

전) 시사일본어학원 교수부장 및 본부장

현) 이종권 일본어학원 원장 겸 시험대비 강사

▶ 저서

일본어능력시험 혼자서도 자신 있게 1급 한번에 합격하기

일본어능력시험 혼자서도 자신 있게 2급 한번에 합격하기

일본어능력시험 혼자서도 자신 있게 3급 한번에 합격하기

그 외 다수

▶ 연구원

上阪桃子 / 木下真理子 / 右田明子 / 안혜원

저자 이종권
초판 1쇄 발행 2010년 10월 25일
초판 3쇄 발행 2017년 9월 14일

발행인 박효상
편집책임 김현
편집 박혜민
디자인책임 김보연
마케팅책임 이종선
마케팅 이태호, 이전희

발행처 사람in
출판등록 제 10-1835호
주소 04034 서울 마포구 양화로 11길 14-10 (서교동) 4F
전화 02.338.3555 팩스 02.338.3545
e-mail saramin@netsgo.com homepage www.saramin.com

만든사람들
책임편집 김진아
본문 표지 디자인 홍수미

978-89-6049-183-0   13730